体が硬い人ほど
やせる
ストレッチ

メディカルトレーナー
岩井隆彰（著）

マイナビ

ストレッチには脂肪燃焼効果がある！

硬い人

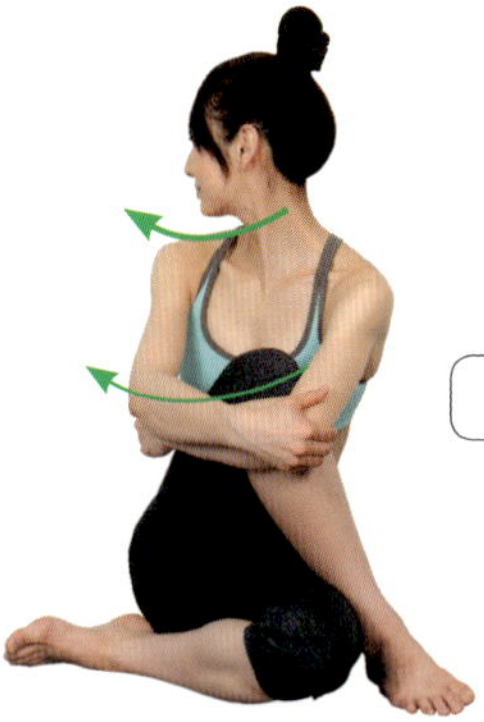

普通の人

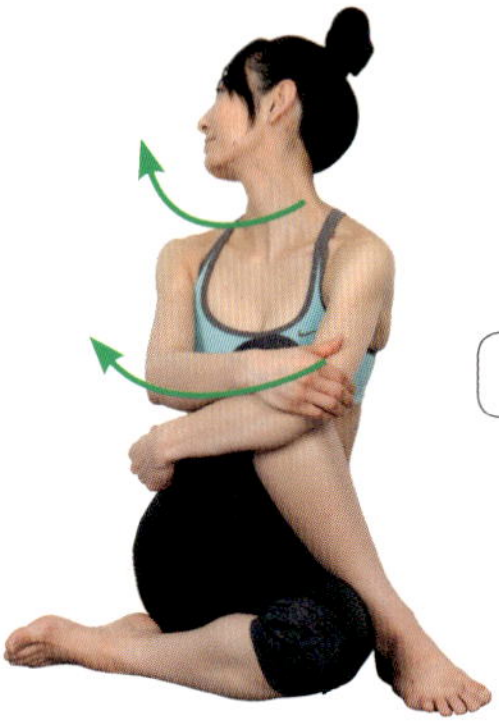

柔らかい人

はじめに

「ストレッチでダイエット？」「ストレッチに脂肪燃焼の速効性はあるの？」。本書を手に取ってそう思われた方は多いはずです。

一般的に体脂肪を落とすにはウォーキングやジョギングといった有酸素運動が効果的だといわれます。誰もが知るダイエットの常識であり、健康のために毎日実行されている方も多いのではないでしょうか。

じつは、ストレッチにも体脂肪を落とす効果があるのです。本書で詳しく述べますが、筋肉を最も伸ばしやすくする姿勢で行なうストレッチと筋肉が血液を運搬させる機能を最大限に生かしたストレッチを組み合わせることで、ウォーキングやジョギングといった有酸素運動以上に脂肪を燃焼させる効果があります。また、みなさんがダイエットで失敗しがちなリバウンドや太い筋肉がついてしまうといった悩みを解消してくれるのも本書に掲載したストレッチの特徴です。

ここまで読んで「私には難しいかな……」と思った人もいるかもしれません。そう思った人のほとんどは、おそらく体が硬い人だと思います。たしかに、テレビや雑誌に出てくるような、ストレッチの姿勢をつくることができない人はたくさんいます。しかし、その姿勢をつくれないからといって、ストレッチに取り組んでもやせないというわけではありません。

硬い人には硬い人なりの伸ばし方があります。その硬い人なりの伸ばし方にも、コツがあります。コツを踏まえて繰り返し伸ばし続ければ、いずれ筋肉の奥の奥までしっかり伸ばせるようになります。筋肉が柔らかくなると、関節の動かせる範囲が広がるだけでなく血液循環も改善し、同じ動作でも代謝が上がるためエネルギー消費が大きくなるのです。

よって柔軟性を高められるほど体脂肪は落ちるので、いま体が硬い人ほど、より大きな成果を得られることでしょう。まずは、正しい姿勢で段階を踏んで伸ばす。それがストレッチのスタートです。

本書では、硬い人、普通の人、柔らかい人という、柔軟性別に3段階に分けたそれぞれのポーズを紹介しています。人それぞれ、いま現在の柔軟性は異なりますから、どの段階から始めていただいてもかまいません。ストレッチで筋肉を伸ばすことを体感し、続けてください。健康的にやせて体が締まってくるのを実感できるはずです

メディカルトレーナー
岩井隆彰

ストレッチをする前に覚えておきたい筋肉の名称

ストレッチで伸ばす筋肉と部位をしっかり覚えて
どこが伸ばされているのか意識しながら行ないましょう。

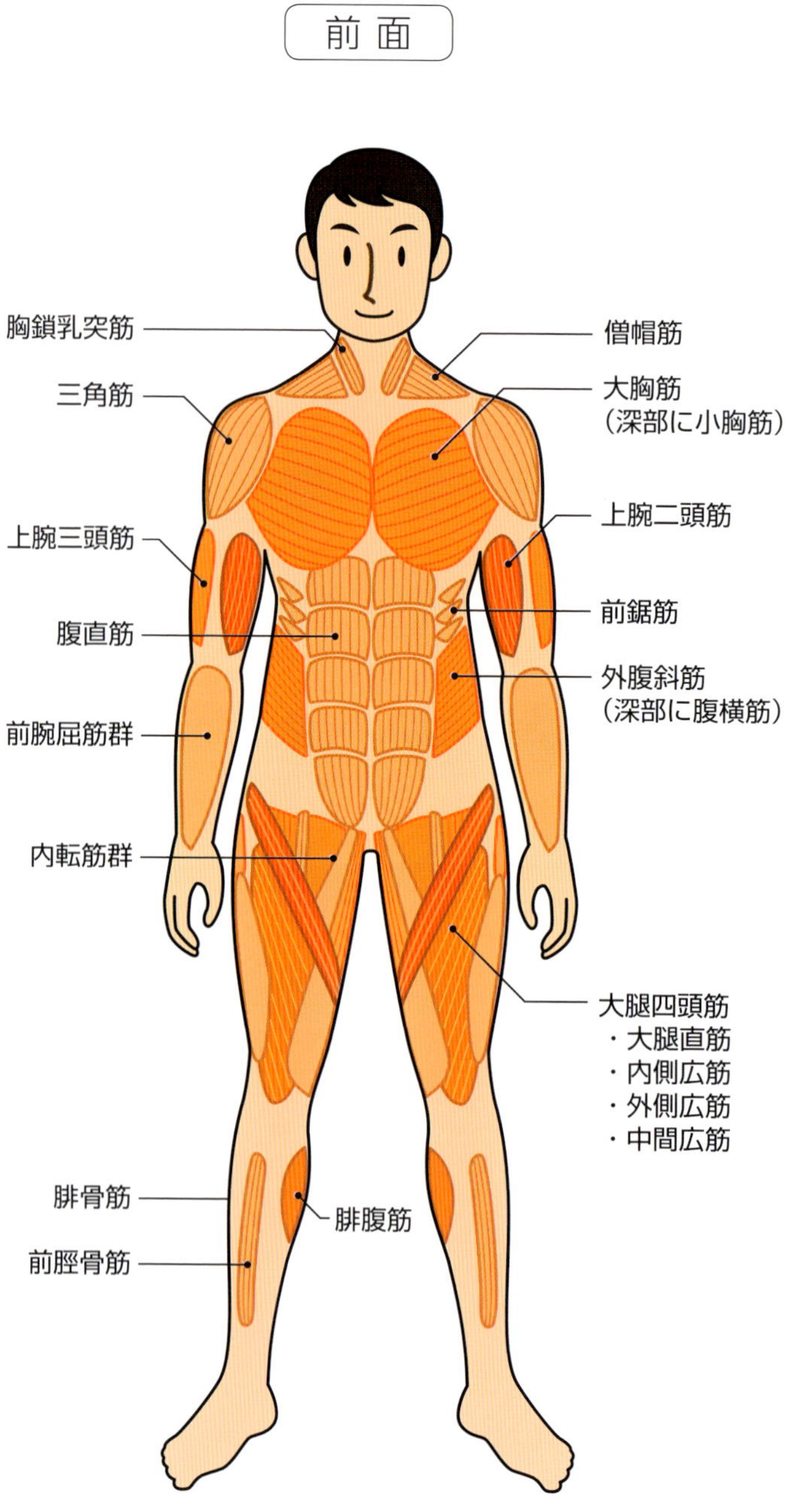

背面

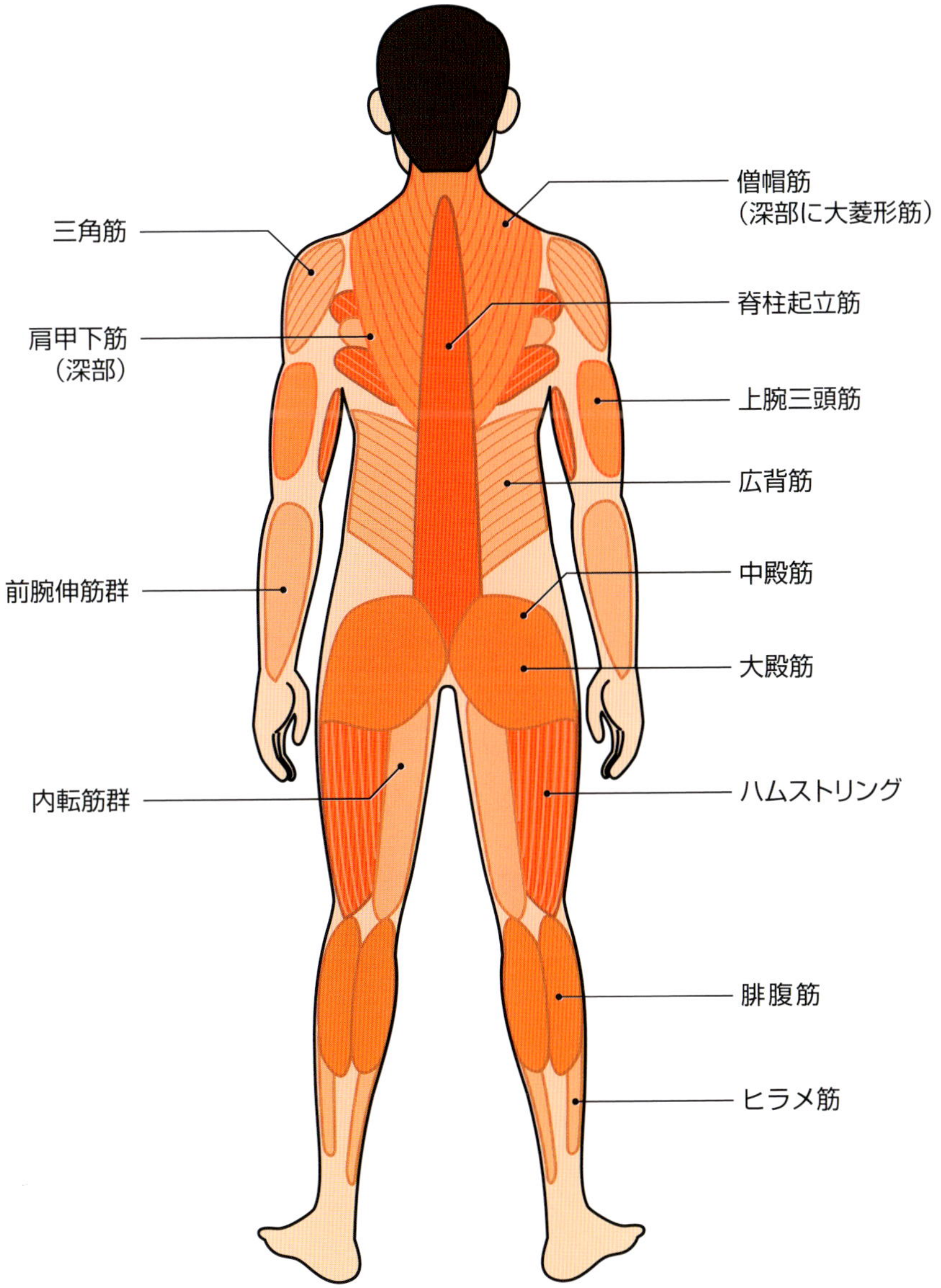

僧帽筋
（深部に大菱形筋）
三角筋
脊柱起立筋
肩甲下筋
（深部）
上腕三頭筋
広背筋
前腕伸筋群
中殿筋
大殿筋
内転筋群
ハムストリング
腓腹筋
ヒラメ筋

CONTENTS

CHAPTER 3

上半身のストレッチ

CHAPTER 4

下半身のストレッチ

•P.37〜P.128

硬い人

静

肩周りをすっきりさせるストレッチ①

2つ目の基本のストレッチは、肩周りをすっきりさせるストレッチ。腕を肩の高さに持ち上げて**三角筋**をまんべんなく伸ばしましょう。

1

背すじを伸ばして真っすぐに立ち、左腕を肩の高さに上げて右肩側に回し、右腕で抱え込んでさらに内側に引き寄せる。1分間キープしたら、腕を替えて右肩の三角筋を伸ばす。

○

×

NG

伸ばす側の腕は肩の高さにキープする

伸ばす側の腕を肩の高さにキープし、反対側の腕の前腕をひじの辺りに当てて引き寄せることで三角筋がしっかり伸びる。

42

❶ 静的 or 動的

静的ストレッチなのか、動的ストレッチなのか、すぐに分かるようにマークで分類しています。

❷ ストレッチの目的

該当するストレッチの目的を表示しています。特定部位を集中的に絞り込みたいときに活用してください。

❸ どこの筋肉を伸ばす？

どこの筋肉をターゲットにするのか確認してからストレッチを始めましょう。伸ばす筋肉を意識するかしないかで、効果は大きく変わってきます。

❹ NG 姿勢を確認

ストレッチは姿勢を間違えると、伸ばしたい筋肉が伸ばせなくなります。NGは特に気をつけたい、間違いやすい点などがまとめてあります。

⑦ ひと目で分かるストレッチレベル

本書の特徴の一つは、「硬い人」「普通の人」「柔らかい人」の３段階の姿勢でストレッチを始められるところです。体が硬い人は、「硬い人」の姿勢から始めて、「柔らかい人」を目標にしましょう。

⑥ ストレッチの手順

ここでの動作手順をしっかり守ることで、目的としている筋肉を伸ばすことができます。一つひとつ丁寧に行ないましょう。

普通の人

1
背すじを伸ばして真っすぐに立ち、左腕を肩の高さに上げて右肩側に回し、右腕で抱え込んでさらに内側に引き寄せる。

2
右腕で引き寄せながら、顔を左側に向けられるだけ向ける。１分間キープしたら、腕を替えて右肩の三角筋を伸ばす。

Point
顔だけを反対側に向ける
顔を反対側に向けるときは、体ごと動かさず、伸ばす側の肩の位置を固定したまま顔だけを向けるようにすること。

43

⑤ 参考にすると、さらに伸びる

筋肉を伸ばし切るためのヒントがまとめられているPOINT。ここでのアドバイスを守ることで、ターゲットにしている筋肉を伸ばし切ることができます。

本書の見方

●P.129～P.157

① プログラムの目的

複数紹介するストレッチの目的を表示しています。ターゲット別にまとめられているページなので、必要なところだけを活用するのもOKです。

② 何回、何秒行なう？

ここで紹介するプログラムを実践するときの目安として、何回、何秒という具体的な量が書いてあります。そのまま指示に従ってストレッチを行なうと結果に表れます。どうしてもきつい場合は、自分なりに調整してください。

③ 静的 or 動的

静的ストレッチなのか、動的ストレッチなのか、すぐに分かるようにマークで分類しています。

④ 詳細ページがすぐに分かる

ここで紹介するプログラムは、2～5章までに紹介するストレッチメニューで構成されています。具体的なやり方や姿勢のポイントは、該当ページで詳しく解説しています。

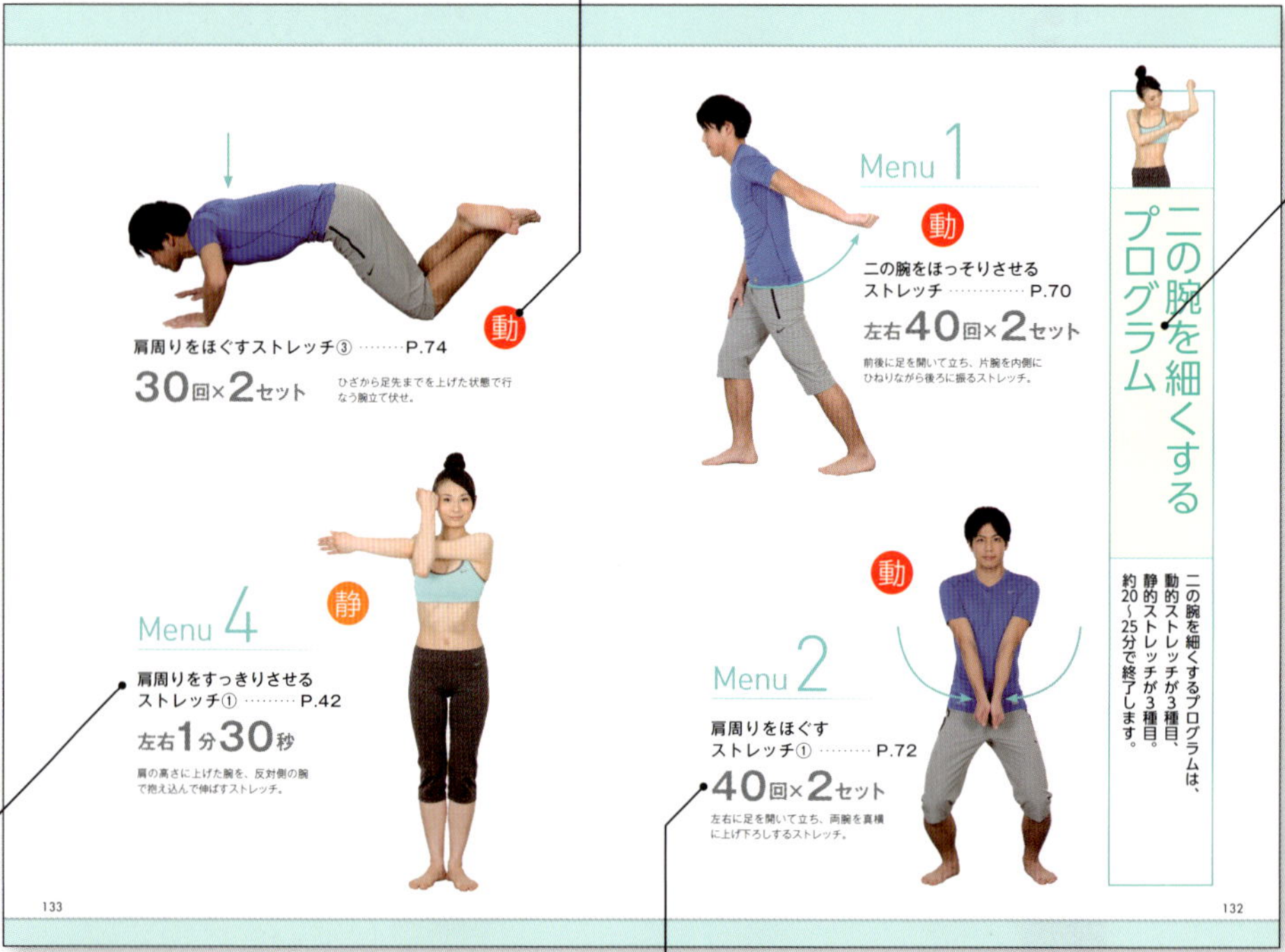

⑤ Option でメニューを替える

オプションメニューを用意しているプログラムもあります。基本メニューと入れ替えて、自分なりにプログラムをアレンジしましょう。継続のコツになるかもしれません。

CHAPTER

1

体脂肪が落ちるストレッチ

脂肪を落とすなら有酸素運動。これも正解ですが、じつはストレッチにも体脂肪を落とす効果があります。ポイントは体脂肪が落ちるメカニズムを知って、正しく行なうこと。これだけであなたの体脂肪はどんどん落ちていきます。

エネルギー消費量が落ちると誰でも脂肪が増える

そもそも、体脂肪が増える、減るというのがどういうことか考えたことがありますか？　これはとても単純で、「体に取り込まれたエネルギー量（飲食による摂取）」から「体が消費したエネルギー量」を引いてプラスになる（体脂肪が増える）か、マイナスになる（体脂肪が減る）かで決まります。つまり、食べすぎて、運動しなければ、個人差はありますが、どんどん脂肪は蓄積されていきます。

ここで大切なのは、体が消費するエネルギーは、生活動作や運動だけでなく、ただ生きているだけで消費するエネルギー（基礎代謝）が、全エネルギー量の約6割を占めているということです。30代半ばを過ぎ、40代以降になると、食生活は変わらないのにお腹周りに脂肪がついてくるのは、加齢とともに基礎代謝が落ちてくるからです。食生活を変えずに何もしなければ、誰でも、少しずつ脂肪が蓄積されていきます。これは誰も避けられない加齢によるリスクなのです。

加齢とともに誰もが太りやすくなる

ストレッチには運動前のウォームアップや運動後のクールダウンのイメージがあると思います。実際、運動の前後にストレッチを取り入れている人も多いのではないでしょうか。体脂肪を落とすというダイエットが目的になると、やはりウォーキングやジョギング、エアロビクスのような有酸素運動をイメージする人が多いかもしれません。なかには、エネルギー消費量を高めるために、筋力トレーニングで筋肉量を増やすことを優先している人もいるでしょう。

いずれも間違いではなく、必要量のトレーニングを欠かさなければ体脂肪を落とすことができます。その方法論の1つとして、今回紹介するのがストレッチです。ほかの方法と同じように、ストレッチにはダイエット効果が期待できるのです。

血液の循環に滞りがあると脂肪が蓄積される

痛みのある部分は代謝が悪い部分

運動をほとんどしていない人が体脂肪を落とそうとする場合、考えるアプローチは2つ。1つは、直接脂肪を燃焼する方法。もう1つは、生活動作や基礎代謝のエネルギー消費量を底上げする方法です。前者がウォーキングやジョギングなどの有酸素運動で、後者が筋力をつける筋力トレーニングです。

じつは、底上げする方法にはもう1つあります。それは血液の循環を良くすることです。大きな病気をしていない人なら、血液の循環が悪いという意識はほとんどないと思います。毎日の生活に不都合が生じることもないでしょう。

とはいえ、過去にケガをして体のどこかを痛めたことはありませんか？　今、どこか痛いところはありませんか？　肩がこることはありませんか？　寝ているときにふくらはぎがつることはありませんか？　冷え性だという自覚はありませんか？　これらはすべて、血液の循環と関連します。痛いところがある人は、その部分の血流が滞っていることがあります。血流の滞りは代謝を下げ、エネルギー消費量を落とします。肩がこったり、ふくらはぎがつるのは、血液がうまく流れなくなることで起こる現象と言われています。つまり血液の循環が悪い状態は、それだけで脂肪が蓄積されやすい体なのです。

筋肉のポンプ作用が回復すると脂肪が燃焼しやすい体になる

筋肉を健康に保つことがダイエットへの近道

血液の循環を良くするだけで、本来持っている代謝機能をフルに活用できるようになります。少なくとも、今以上に脂肪を落とすことができるということです。

それでは血液の循環を良くするにはどうすればいいのか。そこで注目したいのが筋肉です。血液や酸素、栄養素は血管の中を流れて全身に運ばれます。老廃物も同時に運ばれます。その起点になっているのはもちろん心臓です。ところが心臓の力だけでは、全身に行き渡らせるのがなかなか難しいので、筋肉が血管を圧迫したり緩めたりしながら血流をサポートしています。それが筋肉のポンプ作用と言われるものです。ふくらはぎが「第2の心臓」と言われるのは、下に流れてきた血液を上に戻すために大きな役割を果たしているからなのです。

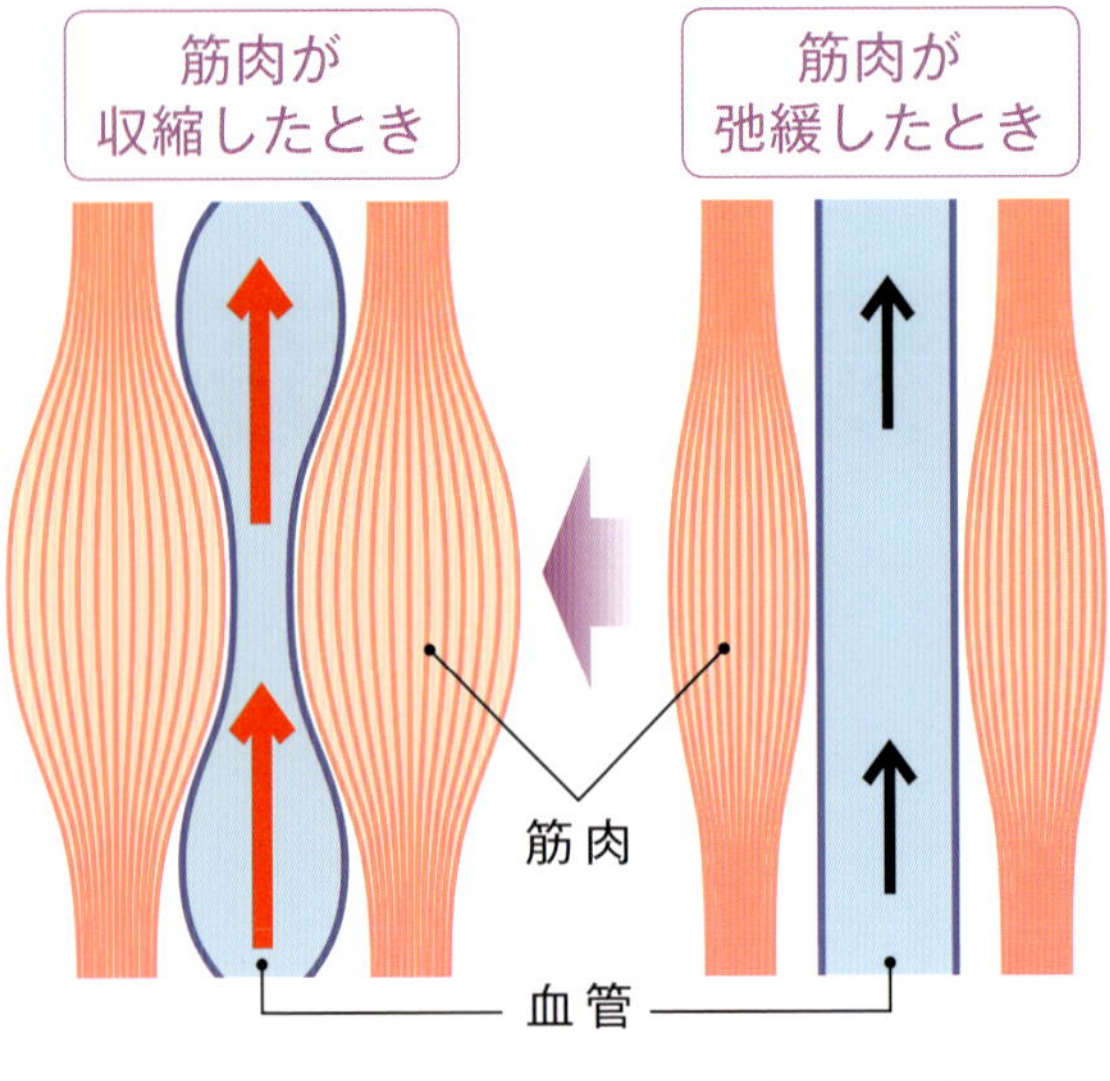

筋肉が収縮し血管を圧迫すると、血液が強く押し出される。これが筋肉のポンプ作用。とくにふくらはぎのポンプ作用が弱まると、血液が全身にうまく回らなくなる。

長時間椅子に座っていると足がむくんでくるのは、ふくらはぎの動作が少なくて、ポンプ作用が機能していないことが大きな要因です。足に限らず、体のむくみの原因は、筋肉のポンプ作用が滞って、血液がうまく流れないことから起こると考えられています。夜中に寝ていて、ふくらはぎがつってしまうのは、血液の循環が悪くなっていることが原因でもあるのです。

筋肉を良好な状態に戻す、そして維持する。つまり、筋肉のポンプ作用を回復するだけで、代謝がよくなり1日のエネルギー消費量は上がります。それだけで無駄な脂肪を蓄積することはなくなり、脂肪を燃焼しやすい体に変えることができるのです。

ストレッチのターゲットは持久系の筋肉

ストレッチとは筋肉を伸ばすトレーニングです。ただし、血液の循環を考えると、伸ばさなければならない筋肉は絞られます。

筋肉には、大腿四頭筋や上腕三頭筋、三角筋などの名称がありますが、それぞれが瞬発系の筋肉（速筋）と持久系の筋肉（遅筋）で構成されています。瞬発系の筋肉には瞬間的に大きな力を発揮する能力があり、持久系の筋肉には長く力を発揮する能力があります。形状は、前者は太くて長く、後者は細くて短いという特徴があります。

太くなりやすいのは瞬発系の筋肉で、重い負荷をかけて行なう筋力トレーニングは、この筋肉を太く大きくすることが目的になります。たくましい体をつくりたいと考えるなら向いていますが、体のラインが太くなることを嫌がる人には不向きといえます。

体脂肪を落とすために血液の循環を良くしようと考えるならターゲットは持久系の筋肉です。長くて太い瞬発系の筋肉の方が血液をたくさん運べそうですが、血液を運搬するという繊細な動きには不向き。細やかな動きができるのは持久系の筋肉なのです。さらにいうと、瞬発系の筋肉は大きなパワーを発揮するだけに傷つきやすく、その傷ついたところの周辺に脂肪が蓄積しやすいという特性があります。脂肪が蓄積して動きが悪くなると、当然ポンプ作用は鈍くなります。

ストレッチで持久系の筋肉を刺激して血液の循環を良くし、体脂肪を落としましょう。

筋肉を緩めて質を高める静的ストレッチ

筋肉を伸ばし切った状態で姿勢をキープする

持久系の筋肉をターゲットにしたストレッチには、今回紹介する2種類があります。1つ目は静的ストレッチ。スタティックストレッチとも言われます。関節を動かしてゆっくり筋肉を伸ばしていき、伸ばし切ったところで、その姿勢を適度な時間維持するストレッチです。一般的にストレッチと言われてイメージするのは、この静的ストレッチのことだと思います。

ポイントは、可能な限り筋肉を伸ばし切った状態をつくることです。では、どれくらい伸ばせばいいかですが、これからあくまでイメージですが、水を含ませたスポンジを想像してください。手で押しつぶしても水を全部出し切ることはできません。しかし、雑巾のようにひねると、まだまだ水は出てきます。ストレッチの理想ですが、ここまでやってはじめて筋肉が伸び切ったといえる状態になります。

それを実行するためには、筋肉の構造を理解しなければいけないのですが、今回はそのような専門知識まで知る必要はありません。紹介するストレッチには、筋肉を雑巾のように絞るためのポイントを明記したので、それを意識してストレッチすると筋肉は必ず伸びます。

ストレッチに取り組むとき、表記されたポイントに注意して実行するのは大切ですが、最初は一度逆の動きを試してみるのもいいかもしれません。例えばポイントに「足の小指側を返す」と表記されていたら、親指側を返して違いを確認してみましょう。筋肉が伸びる向き、伸びない向きを学びながらストレッチすることができます。

静的ストレッチには、筋肉の柔軟性を高めて可動域を広げる効果があります。可動域が広がるとすべての動作の活動量が増えるので、それだけ代謝が上がります。また持久力に長けたシャープでしっかりした筋肉がつきやすくなります。

静的ストレッチ

スタートポジションからゆっくり筋肉を伸ばしていき、伸ばし切ったところで、その姿勢を数十秒から数分キープする。

START

STRETCH

1分キープ

伸ばし方のコツを知ると筋肉の奥の奥まで伸ばせる

協力筋をうまく使うと筋肉はさらに伸ばせる

静的ストレッチの場合、筋肉を伸ばした状態で姿勢をキープしますが、この時点でしっかり筋肉が伸びていないと何秒、何分キープしたところで効果は期待できません。

筋肉を伸ばすときに知っておきたいのが、「協力筋」のことです。筋肉は伸びたり縮んだりしながら体を動かしていますが、伸びるときには必ず伸びることを手助けしてくれる筋肉があります。例えば、太ももの裏側にあるハムストリングという筋肉を伸ばすときは、お尻の筋肉やふくらはぎの筋肉が助けてくれます。つまり、ハムストリングをしっかり伸ばしたいなら、お尻やふくらはぎの筋肉にも協力してもらうと効果が上がるのです。

例えば、正面に置いた椅子に片方の脚をひざを伸ばしたまま乗せてください。それだけでハムストリングは伸びます。次に上体を前に倒してみましょう。お尻の筋肉が伸びますが、さらにハムストリングも伸びるはずです。次に椅子に乗せている足の小指をつかんで手前に返すようにしてみましょう。アキレス腱からふくらはぎが伸びますが、ハムストリングは先ほどよりももっと伸びるはずです。最後に骨盤を起こしてみましょう。ハムストリングはもっと伸びるはずです。

また協力筋を使って伸ばしておいてからさらに伸ばすという方法もあります。例えば、手の甲を上にして右手を前に伸ばしてください。手を開いた状態と、拳を握った状態それぞれで、ひじを伸ばしたまま手首を曲げてみましょう。前腕の甲側の筋肉の伸び方はどうですか？　拳を握った方がはるかに伸びている感覚があると思います。

このように、各部の筋肉の伸ばし方にはコツがあります。それさえ分かれば誰でも正しいストレッチができるようになるのです。

協力筋の使い方

① ターゲットの前後の筋肉（協力筋）も一緒に伸ばしながら行なうと効果が上がる

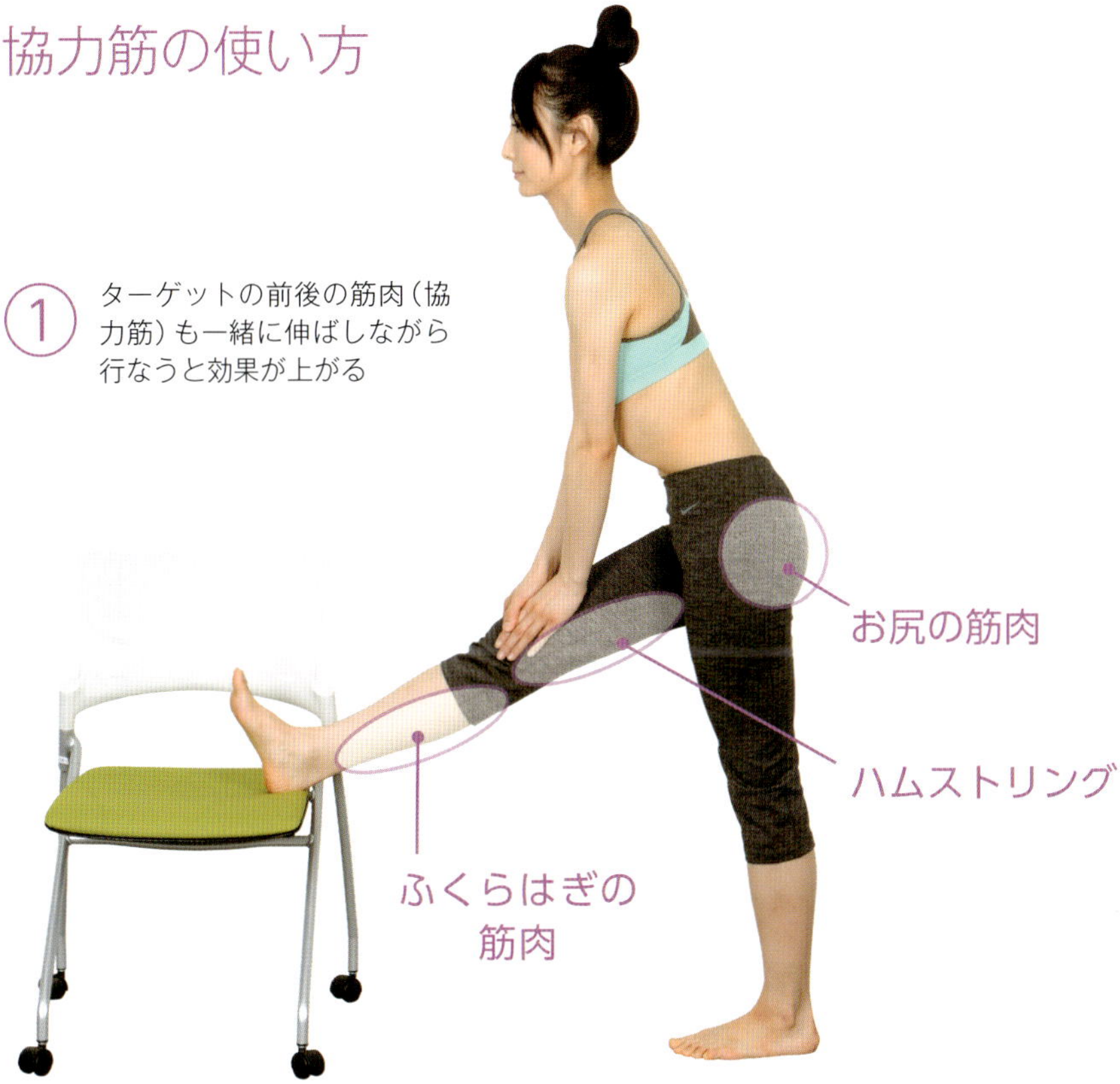

② 協力筋を先に伸ばしてから、ターゲットの筋肉を伸ばす。

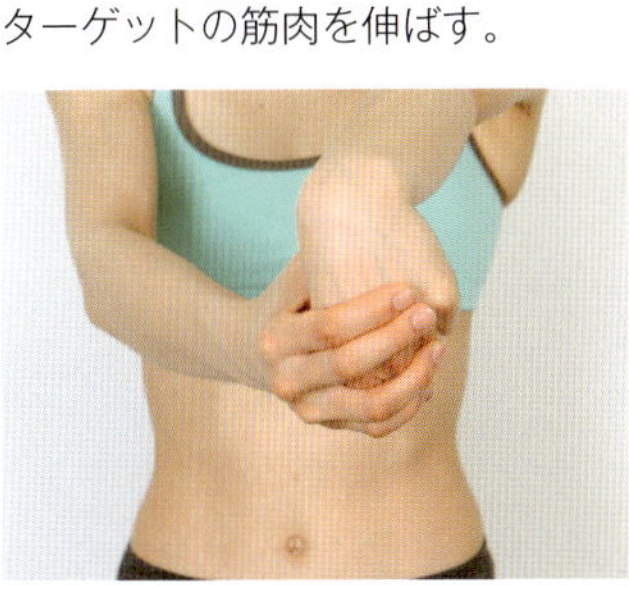

○ 伸び切る

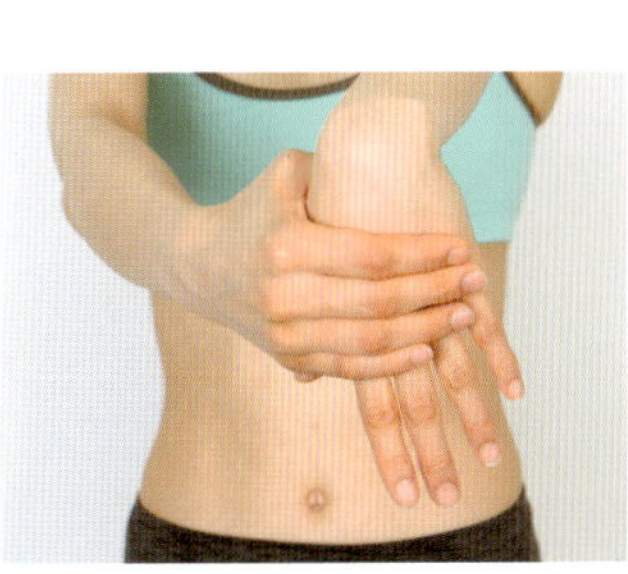

△ 伸び切らない

ストレッチ効果を左右する姿勢と目線

骨盤を起こすだけで脚の裏側の筋肉は伸びる

筋肉を伸ばすコツはほかにもあります。それは姿勢と目線です。まず姿勢についてですが、ストレッチの場合、姿勢が少し変わるだけで伸ばされる筋肉が変わります。筋肉が変わるだけならまだいいかもしれませんが、正しい姿勢をとれないと筋肉を全く伸ばせないことがあります。

例えば、お尻から脚の裏側にある筋肉を伸ばすときは、骨盤を起こすか起こさないかで、ストレッチ効果は大きく変わります。もちろん起こした方がよく伸びます。よくあるアキレス腱を伸ばすストレッチのポーズをとってみてください。その状態から、背中に両手の甲を当てて少し押してみましょう。それだけで、脚の裏側からアキレス腱までが伸びるのが分かると思います。

もともと、腹筋が強いアジア人は、骨盤が後傾する傾向があります。背中が丸まるといった方がいいでしょうか。骨盤を起こす意識を持つだけで、普段の姿勢も良くなりますし、ストレッチ効果も高まることになります。ちなみに背筋が強い欧米人は、逆に骨盤が前傾する傾向にあり、体が反ってしまうことが多いと言われています。

次に目線ですが、筋肉を伸ばした状態から、目線を変えるだけで、さらに筋肉を伸ばすことができます。例えば、椅子に座って体を片側にひねってください。意識しなければ、目線はひねった方に向いていると思います。そこから、頭をひねって目線を後ろに向けると、もっと背中の筋肉が伸びるはずです。さらに、その状態から斜め上を見てください。より一層伸びるはずです。

なんとなくやっていたストレッチも、意識するところを変えるだけで、今まで以上に筋肉は伸びます。それによって筋肉の状態は良好になります。

姿勢を変えるだけで伸びる

たとえば、アキレス腱を伸ばすストレッチで、
骨盤を起こすだけで効果が違ってくる。

目線を変えるだけで伸びる

たとえば、広背筋を伸ばすストレッチで、目
線を上に向けるだけで効果が違ってくる。

ストレッチ効果 (大)

動的ストレッチは軽い筋力トレーニング

まずは1メニュー20回を目標に単純動作を繰り返す

静的ストレッチのほかに紹介するのが、動的ストレッチです。ダイナミックストレッチとも言われるもので、少し反動をつけながら単純動作を繰り返すストレッチです。静的ストレッチでは、姿勢を維持する時間がトレーニング量の目標になりますが、動的ストレッチの場合は、回数が目標になります。私が指導するときは、1分間に40回できるスピードで行ないます。あくまでもリズムですが、初心者や体が硬い人の場合は、1メニューで20回くらいを目途に始めるようにしてください。

動的ストレッチは、ストレッチとはいうものの、筋力トレーニングのように筋肉を刺激する運動になります。もちろん筋力トレーニングのようにハードではありませんが、慣れないときはやりすぎると筋肉痛になることもあるので注意しましょう。

血液の循環を良くするための筋肉をつくるには、この筋力をつけるトレーニングも大切です。というのは、ポンプする力を強めるには、筋肉を伸ばすだけでなく縮める力も必要だからです。動的ストレッチは、道具を使わない軽めの筋力トレーニングだと思ってかまいません。

しかも鍛えるのは、持久系の筋肉です。筋力がアップすると筋肉が肥大した男らしい体ではなく、引き締まった体になります。

さらに持久系の筋肉を鍛えると、結果的に運動におけるエネルギー消費量も大きくなります。というのは、持久系の筋肉は細くて短いだけに、伸ばされて、縮んでという動作がしっかり繰り返されます。それによって血液の循環が良くなり、代謝が上がるのです。それに比べると、瞬発系の筋肉は太くて長いだけに、しっかり使い込むのは難しいところがあります。

動的ストレッチ

ターゲットの筋肉を刺激する単純動作を繰り返すことで、硬くなった筋肉をほぐしていく。

ダイエット目的なら「静」→「動」　筋肉を緩めるなら「動」→「静」

静的ストレッチから動的ストレッチなら代謝が高くなる

　第2章で紹介する「基本のストレッチ」は、すべて静的ストレッチです。まずこれらの種目でストレッチを始めましょう。継続して運動している人なら、ある程度、良好な筋肉を維持できていると思いますが、運動していない人は、おそらく筋肉がガチガチになっている可能性があります。そういう人が軽い筋力トレーニングでもある動的ストレッチに取り組むと、筋肉を緩める前に、体を壊す可能性があります。

　ストレッチ初心者だったり、体が硬いことを自覚している人は、「基本のストレッチ」の「硬い人」用のストレッチから始めてください。

　慣れてきて、筋肉が柔軟性を取り戻したらどうするか。静的ストレッチを先にするか、動的ストレッチを先にするか。これは目的によって明確です。ストレッチという運動そのもので体脂肪を落とすことを目的とするなら、静的ストレッチで筋肉を緩めてから、動的ストレッチに移行した方が、より代謝が高くなります。可動域を広げてから動くため、よりエネルギー消費量が高くなるのです。

　逆に体脂肪を落とすことより、筋肉を緩めて、良好な血液循環を維持することを目的とするなら、動的ストレッチで筋肉をほぐしてから静的ストレッチへ移行した方が、より筋肉を緩めやすくなります。

　代謝を高めるか、柔軟性を求めるか。

　この基準で考えてもらってかまいません。もし腰や背中に痛みがあるとしたら、静的ストレッチで可動域を広げ、動的ストレッチで筋肉をほぐし、再度静的ストレッチで筋肉を緩めることをおすすめします。もちろん、痛みがひどい場合は、無理して運動することはありません。休むのも大切なことです。

ダイエット目的なら

静的ストレッチで筋肉を緩めて可動域を広げてから、動的ストレッチを行なう。

柔軟性を高めたいなら

動的ストレッチで筋肉をほぐしてから、静的ストレッチを行なう。

ストレッチを行なう時間は25～30分がベスト

体脂肪を燃焼させる効率的な活動時間とは

体脂肪を落とすための運動は、20～40分未満が適度であるとされています。というのは、運動を始めてから20分を過ぎたころから急激に脂肪の燃焼効率が上がり、40分を過ぎるくらいまで脂肪を燃焼してくれるからです。そして40分を超えると、脂肪はほとんど燃焼されなくなります。それから先の運動は、運動時に使われている機能の持久力を強化するための運動に転換すると言われています。

運動の目的をダイエットに限定するならば、運動時間は40分で十分なのです。じつは私は、40分も運動しなくてもいいと考えています。私がおすすめしているのは、1日の運動を25～30分。脂肪を燃焼させるために最低20分は必要ですから、それ以上続けることは大切ですが、1度に行なう運動を30分以上継続すると関節に負担がかかってきます。例えばジョギングを30分以上続けたとすると、ひざ関節が炎症を起こす可能性があります。そのリスクを未然に防ぐために30分がいいと考えています。ちなみにストレッチは、30分続けても関節に負担がかかることはありません。

それに最近では、40分という時間は1日のトータルの時間でいいという考え方も出てきています。つまり、朝20分運動して、寝る前に20分運動しても、脂肪燃焼効果はあまり変わらないというのです。そうであるなら、なおさら故障を未然に防ぐためにも運動は25～30分でいったんストップ。続きは後で、ということで問題ないはずです。

今回紹介するストレッチも、静的、動的を含めて1回6～7種目を20～30分くらいで終わらせるイメージで取り組んでください。6章で紹介するプログラムも、ほぼこれくらいの時間で終わる内容になっています。ストレッチで筋肉を良好にしながら、一緒に脂肪も燃焼させてしまいましょう。

FINISH

START

25～30分

スタートしてから、約25～30分で終了するのがベストな運動時間になる。

効率よく体脂肪を落とすなら大きな筋肉をストレッチする

ターゲットは、肩周り、背中、お尻、太もも

ストレッチで体脂肪を落とすには、まず筋肉の状態を良好にして血液の循環を良くすることです。これによって代謝が改善され、同じ生活をしていても、脂肪がつきにくい体に変わります。加えてウォーキングやジョギング、またはスポーツなどを始めると、体脂肪は落ちてきます。

ストレッチだけで体脂肪を落としたいと考えるなら、先ほど述べたように、体脂肪が燃焼する時間を考えて25~30分のストレッチをすることです。このとき、より脂肪燃焼効率を上げたいなら、大きな筋肉をストレッチしましょう。お尻や太もも、背中、肩周りといった部分が対象になります。大きな筋肉を動かせば、それだけエネルギー消費量が高くなるので、同じ時間体を動かしたとしたら、小さな筋肉を動かすより効率よく体脂肪を落とすことができます。

さらに言うと、大きな筋肉は加齢の影響を受けやすい筋肉で、30代の半ばくらいから筋肉量が減り始め、40代を過ぎるとその減り方は1年間に約1%と言われています。1%と考えると小さい数字ですが、30年も経てば30%、つまり約3分の1にまで減ってしまうことになります。まだまだ遠い話かもしれませんが、全く運動らしいことをしていない人たちにとっては、現実に起こり得ることです。

そういう意味でも、まずは大きな筋肉からストレッチを始めてみましょう。次の章で紹介する「基本のストレッチ」は、肩周り、背中、お尻、太ももをターゲットにしたストレッチです。自分の体の柔軟性がどれくらい落ちているのか、実感しながらストレッチしてください。大きな筋肉だけに、伸びている、伸びていない感覚も分かりやすいはずです。

ダイエット目的なら
大きな筋肉をターゲットに

代謝を効率よく高めるためには、肩周り、背中、お尻、太ももといった大きな筋肉を中心にストレッチするとよい。

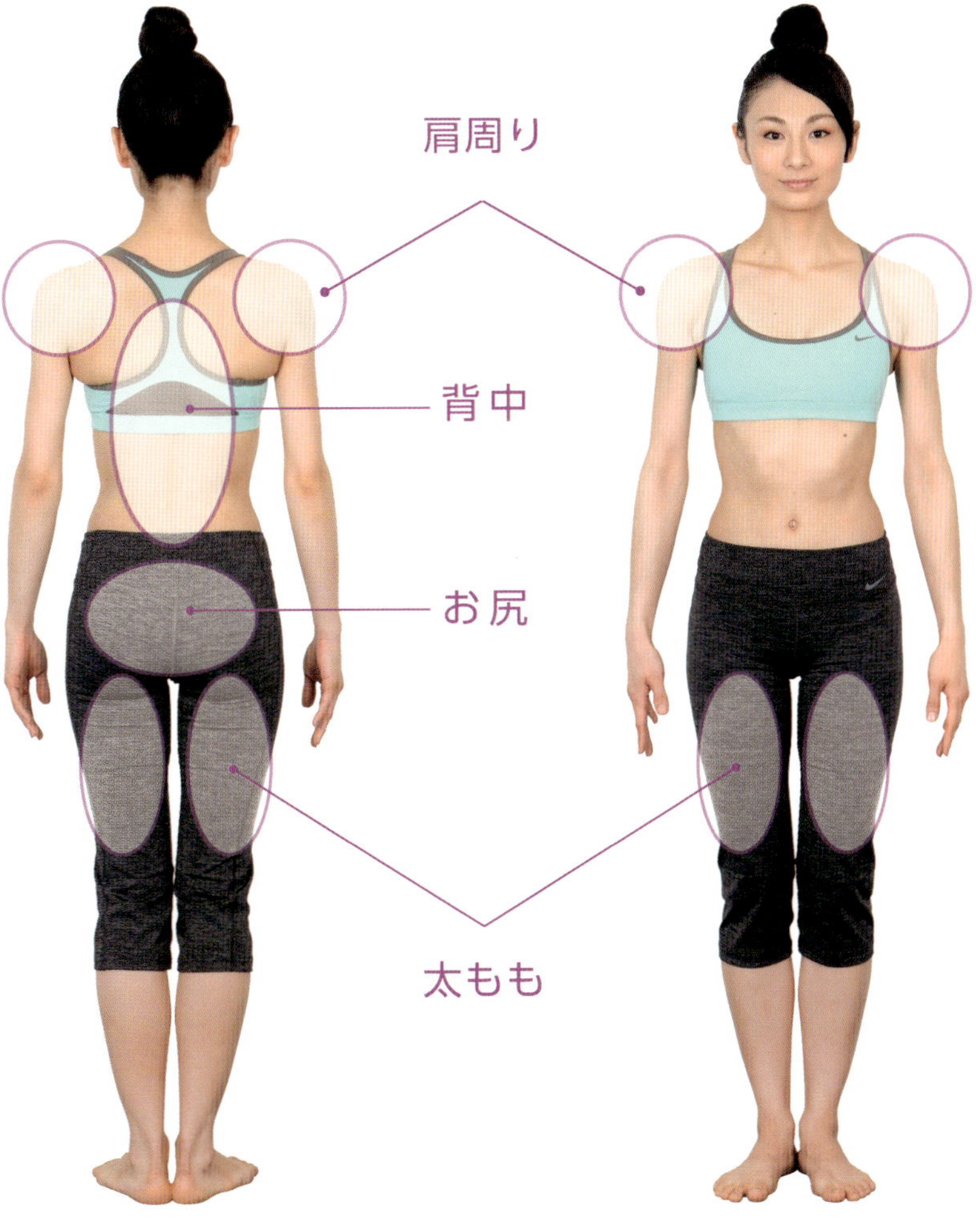

片側だけのストレッチで効果を体感する

体が硬い人ほどストレッチ効果は簡単に表れる

何ごともそうですが、短期間で結果を出すのは難しいものです。ストレッチにしてもそうです。長期間継続してはじめてストレッチの効果が表れてきます。とくに、これまで運動らしいことをしてこなかった人や、学校を卒業してから運動をパッタリやめてしまった人たちが、硬くなってしまった筋肉を良好な状態に戻すにはしばらく時間がかかります。

しかし、はっきり言えることは、体が硬くなってしまっているからこそ、次の章で紹介する「基本のストレッチ」を1週間続けるだけで、体の変化に気づけるはずです。目安の時間は書いてありますが、きつければ短くしてもかまいません。まずは、筋肉を伸ばすという行為にチャレンジしてみてください。ストレッチを行なうだけで、自分がどれだけ硬いのか実感できるし、ポイントを押さえながら動作すると、筋肉が伸びることも実感できます。

私がストレッチを本格的に始める前におすすめしているのが、片側だけ行なうストレッチです。私は、一般の方でも、著名な方でも、初めて指導するときは、いつも最初は片側だけのストレッチを行なってもらいます。静的ストレッチの場合は、筋肉を片側ずつ伸ばす動作が多いので、右か左かどちらかだけ行なってもらいます。そして、終わった後に感想を聞きます。

しっかり筋肉を伸ばしてストレッチができていると、それだけでストレッチ効果を体感することができます。片側だけ動かすので、当然片側だけ温かくなるし、筋肉も柔らかくなります。

いきなりがんばって挫折しては意味がないので、まずは片側だけストレッチしてみませんか。次の章の「基本のストレッチ」で十分です。まずはそこからです。

片側だけストレッチ

例えば左側だけストレッチして、右側は行なわない。それで左右の違いを確認してみる。

例えば
左側だけ

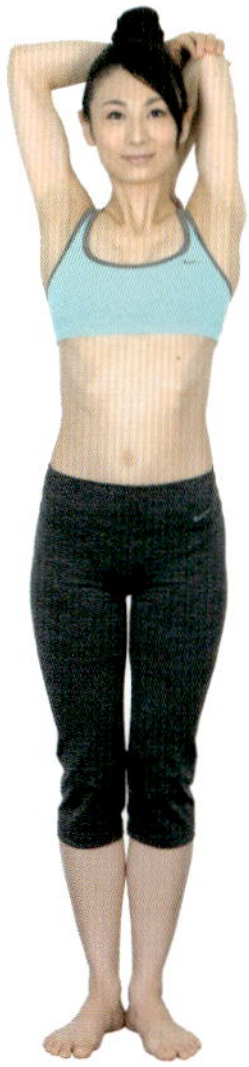

体が硬い人ほどストレッチでやせられる

柔軟性が高まるほど体脂肪は落ちる

体が硬い人はストレッチをやらない方がいいのでしょうか？　そんな話を耳にすることがありますが、硬い人ほどストレッチの効果を得やすいので、ぜひ取り組んでほしいと思います。

ストレッチ関連の書籍や映像を見ると、たしかに硬い人にはとても無理だと思える姿勢はあります。実際、挑戦してみて痛くてやめた経験がある人もいるでしょう。理想のストレッチの姿勢が1つだけだと、さすがに硬い人向けと思えないストレッチもあります。しかし、それはその姿勢が目指すべきものであって、じつはその前の段階があります。

今回紹介するストレッチでは、同じ種目の中でできる限り「硬い人」、「普通の人」、「柔らかい人」を対象にした3段階の姿勢を用意しました。1段階目の姿勢で筋肉が引っ張られる感じがあって、2段階目の姿勢は引っ張られる痛みでとてもできない、という人は体が硬いと判断できます。そういう人は、まず1段階目の姿勢で伸ばされている感じが弱くなるまで続けてみましょう。クリアしたら2段階目です。無理する必要は全くありません。

1段階目、2段階目の姿勢のときは、それまで硬くなっていた筋肉が少しずつ緩み、血液の循環が良くなっていく時期でもあるので、体脂肪が落ちるという意味では、効果が表れやすい時期です。3段階目の姿勢に取り組むころには、脂肪がつきにくい体になりつつある時期なので、継続することで引き締め効果が高くなります。ちなみに私が指導しているモデルや女優、アスリートは、この3段階目のストレッチを行なっています。

体が硬い人ほど、ストレッチに取り組んでみてください。硬い人ほど、より大きな成果を得られるはずです。柔軟性が高まるほど、みるみる体脂肪は落ちるでしょう。

3段階でレベルアップ

硬い人、普通の人、柔らかい人を対象にした3段階姿勢に、順に取り組む。自分の柔軟性に合わせて、慌てずにステップアップしていく。

（硬い人）

（普通の人）

（柔らかい人）

COLMUN

体脂肪を落とすストレッチは空腹時がよい

空腹時は脂肪も燃焼するし空腹感も抑えられる

体脂肪を落とすストレッチは、どのタイミングで行なうと効果的なのでしょうか?

私がすすめる体脂肪を落とすストレッチを行なうタイミングの1つ目は、空腹時。お腹が減っているときにストレッチを行なうと次のような効果があります。

お腹が減っているときは、体内の糖分が不足している状態です。この状態で運動すると、糖分がすぐに底をついて、体に蓄積していた脂肪をエネルギーとして使うようになります。空腹時は、有酸素運動開始5分後くらいから、効率よく脂肪が燃焼し始めるといわれています。

さらに、運動してから食事をすることで、食事量を抑えることができます。お腹が減っているときに運動すると、糖分不足だと思っていた脳が、まだ不足していないと錯覚します。これは、血糖値が下がりすぎないようにコントロールする体の危機管理能力です。お腹が減って、早くエネルギーが欲しいと思っている状態で食事をするときより、少ない食事で満腹感を得ることができます。

お腹が減ったと思ったら、ストレッチをしてからご飯を食べる。これが体脂肪を落とすストレッチの裏技です。

おすすめする2つ目のタイミングは、食後20分以内のストレッチです。私は誰かに指導するとき、あえて5分以内と伝えることもあります。血糖値がピークに達する前に運動することで、食べた物が脂肪として蓄積されやすくなる前にエネルギーとして使うことができます。付け加えると、血糖値がピークに達して落ち始めるときは体内に乳酸が溜まりやすくなり、血液循環も悪くなるので、ストレッチをするのに適しているとは言えません。

空腹時と食後20分以内のストレッチは体脂肪を落とすタイミングとしては効果的です。ただし、胃腸の調子が悪い人やもともと弱い人は、逆にダメージを受けることがあるので注意してください。

CHAPTER

2

基本のストレッチ

CHAPTER1で説明してきたように、ストレッチだけで体脂肪を落とすことはできるし、体脂肪を落としやすい体をつくることもできます。CHAPTER2では、そのスタートとして「これだけで体脂肪が落ちる基本のストレッチ」を紹介します。

これだけでも十分やせる基本のストレッチ

たった6種類のストレッチで全身をシェイプアップ

ストレッチだけで十分に体脂肪を落とすことができます。といっても、これまで運動らしいことをしてきていない人にとっては、筋力トレーニングより軽い運動であるストレッチとはいえ、なかなかハードルが高いと感じるかもしれません。それに体脂肪を燃焼するウォーキングやジョギングなどの有酸素運動のように、長時間のストレッチをイメージする人もいるかもしれません。

そこで紹介するのが、6種類の基本のストレッチ。代謝を上げるために重要とされる肩周り、背中、お尻、太ももといった重要な部位をターゲットにしたストレッチです。このストレッチを週5回、2週間継続するだけで体の変化を感じることができるし、実際、体脂肪の減少も始まります。所要時間は、各ストレッチ2分。6種目で12分。たったそれだけで、間違いなくあなたの体が変わり始めます。

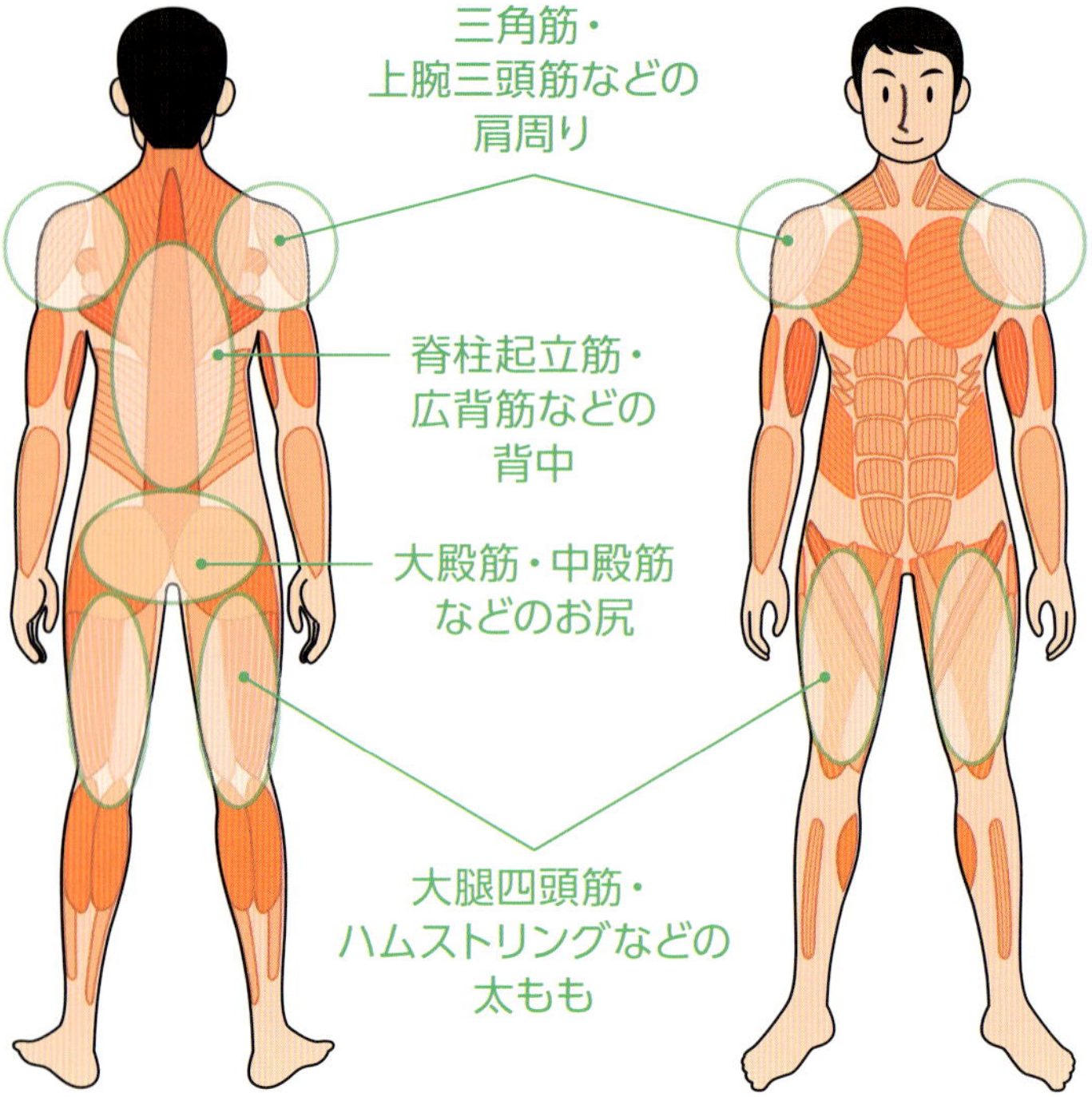

静

背中を引き締めるストレッチ

1つ目は、背中を引き締めるストレッチ。下半身をリラックスさせた状態で、腕を使ってなかなか伸ばすことのできない**大菱形筋、起立筋、広背筋**をしっかり伸ばしましょう。

硬い人

1

背すじを伸ばして椅子に浅く座り、
右手で左肩をつかむ。

2

左手を背中側から回して右の骨盤を押さえる。この状態から、ひねられる範囲で上体を左にひねる。1分間キープしたら、元の姿勢に戻して、同じように反対側も1分間ストレッチする。

Point

ひねる側と反対側の骨盤を手で押さえる

ひねる側と反対側の骨盤を、ひねる側の手で押さえることで、単に上体をひねるより背中を伸ばすことができる。

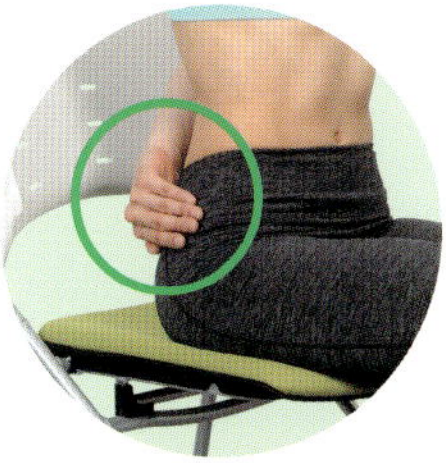

1

背すじを伸ばして椅子に浅く座り、右手で左肩をつかむ。左手は背中側から回して右の骨盤を押さえる。

2

上体を左側にひねられるだけひねり、併せて顔もひねる側にできるだけ向ける。1分間キープしたら、元の姿勢に戻して、同じように反対側も1分間ストレッチする。

NG

顔はひねる側に真っすぐに

顔をひねる側に向けるのは、さらに背中をストレッチするため。下を向かずに、ひねる側に真っすぐに向けるようにすること。

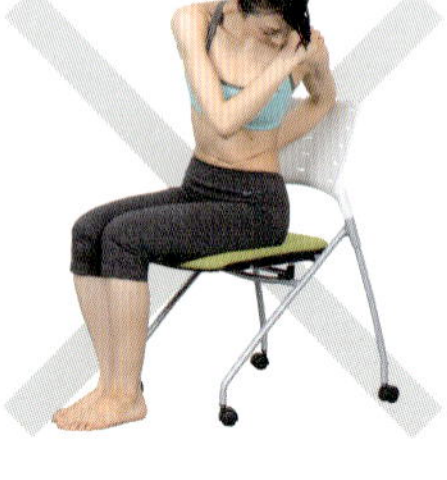

柔らかい人

1

背すじを伸ばして椅子に浅く座り、右手で左肩をつかむ。左手は背中側から回して右の骨盤を押さえる。この状態から上体をひねられるだけひねり、併せて顔もひねる側にできるだけ向ける。

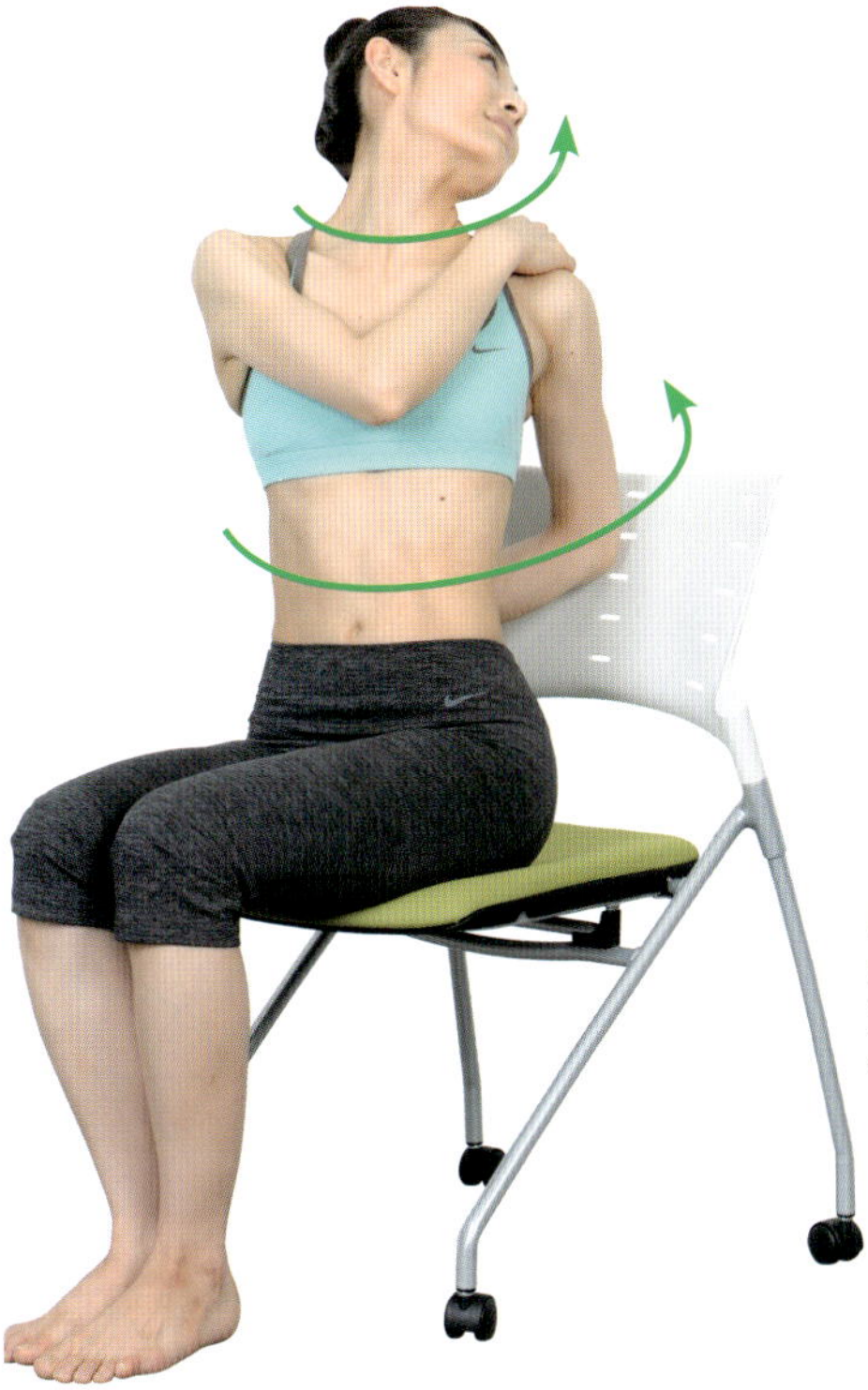

2

上体を反らし、顔を斜め上にできるだけ向ける。1分間キープしたら、元の姿勢に戻して、同じように反対側も1分間ストレッチする。

Point

目線は斜め上を意識する

首を反らすようなイメージで目線を斜め上に向けると、顔をひねる側に真っすぐに向けたとき以上に背中をストレッチできる。

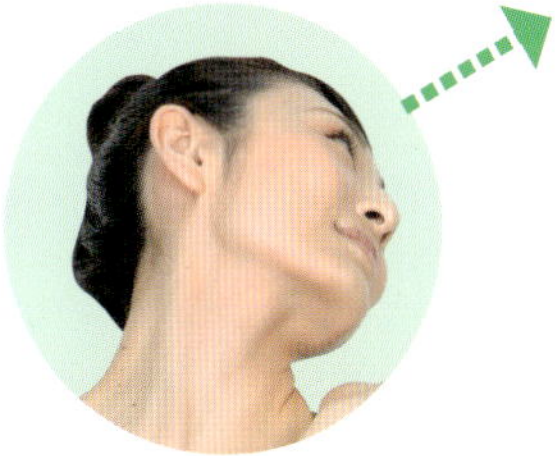

静

肩周りをすっきりさせるストレッチ①

2つ目の基本のストレッチは、肩周りをすっきりさせるストレッチ。腕を肩の高さに持ち上げて**三角筋**をまんべんなく伸ばしましょう。

硬い人

1

背すじを伸ばして真っすぐに立ち、左腕を肩の高さに上げて右肩側に回し、右腕で抱え込んでさらに内側に引き寄せる。1分間キープしたら、腕を替えて右肩の三角筋を伸ばす。

○

×

NG

伸ばす側の腕は肩の高さにキープする

伸ばす側の腕を肩の高さにキープし、反対側の腕の前腕をひじの辺りに当てて引き寄せることで三角筋がしっかり伸びる。

普通の人

1

背すじを伸ばして真っすぐに立ち、左腕を肩の高さに上げて右肩側に回し、右腕で抱え込んでさらに内側に引き寄せる。

2

右腕で引き寄せながら、顔を左側に向けられるだけ向ける。1分間キープしたら、腕を替えて右肩の三角筋を伸ばす。

Point

顔だけを反対側に向ける

顔を反対側に向けるときは、体ごと動かさず、伸ばす側の肩の位置を固定したまま顔だけを向けるようにすること。

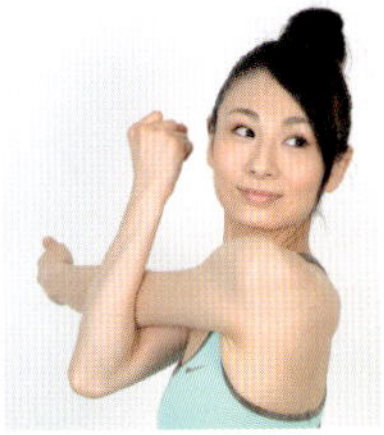

1

背すじを伸ばして真っすぐに立ち、左腕を肩の高さに上げて右肩側に回し、右腕で抱え込む。

2

伸ばす側の腕の手の甲を正面に向けた状態、内側にひねって手のひらを正面に向けた状態、さらに外側にひねって手のひらを上に向けた状態をつくり、それぞれの状態で抱え込んだ右腕を引き寄せる。1分間ずつキープしたら、腕を替えて右肩の三角筋を伸ばす。

Point

三角筋を三分割して伸ばす

腕をひねりながらストレッチすることで、三角筋の前部、後部、側部をそれぞれ細かく伸ばすことができる。

硬い人

静

肩から二の腕をほっそりさせるストレッチ

3つ目の基本のストレッチは、肩から二の腕をほっそりさせるストレッチ。ひじを頭の高さに持ち上げて**上腕三頭筋、肩甲下筋**を伸ばしましょう。

1

右ひじを曲げて頭の高さまで上げ、左手で右ひじの先を下に押し込む。1分間キープしたら、腕を替えて同じように左肩を伸ばす。

Point

より伸ばすための手の位置

背中に下ろした伸ばす側の手は、右腕なら右肩に、左腕なら左肩に触れるようにする。そうすることで、肩から腕をより伸ばせる。

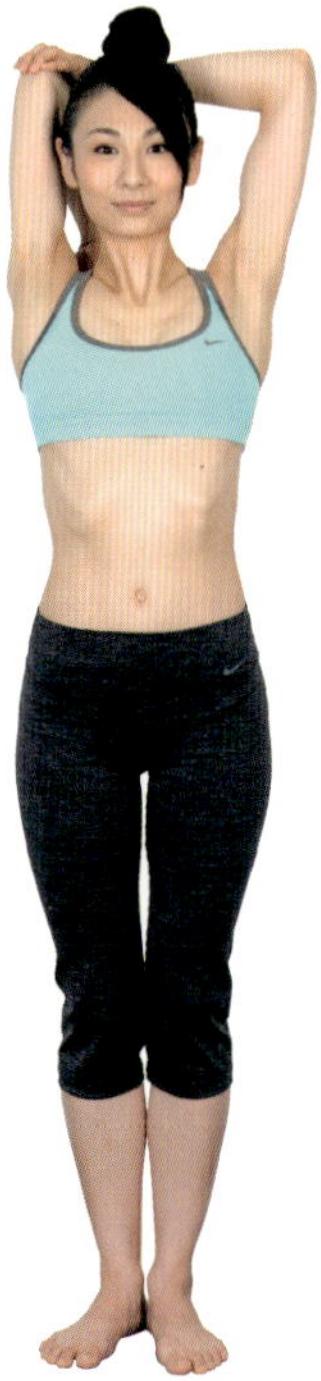

1

右ひじを曲げて頭の高さまで上げ、
左手を右ひじの先に当てる。

2

顔を上げて体を少し反らしながら、左手で右ひじを下に押し込む。1分間キープしたら、腕を替えて同じように左肩を伸ばす。

Point

体を反らしてさらに伸ばす

体を反らすことで、押し込むだけよりさらに上腕三頭筋、肩甲下筋をしっかり伸ばすことができる。

柔らかい人

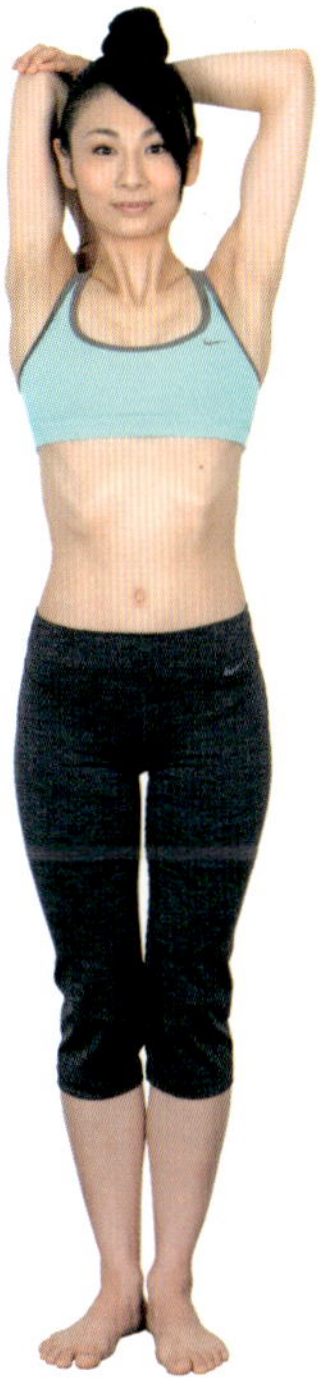

1

右ひじを曲げて頭の高さまで上げ、
左手を右ひじの先に当てる。

2

右ひじを頭の後ろに移動し、顔を上げて体を少し反らしながら、左手で右ひじを下に押し込む。1分間キープしたら、腕を替えて同じように左肩を伸ばす。

Point

目線を上げて頭でも押し込む

体を反らすときに目線を上げて頭を利用すると、さらに体を反らすことができ、ストレッチ効果が高くなる。

普通の人　硬い人

静

太ももを細くするストレッチ①

4つ目の基本のストレッチは、太ももを細くするストレッチ。最初に太ももの表側にある**大腿四頭筋**を伸ばしましょう。

1

背すじを伸ばした状態で、左ひざをついて立つ。このとき右ひざは90度にする。

2

左足を上げて両手でつかみ、そのまま上に持ち上げる。このとき背すじは伸ばしたまま行なうこと。1分間キープしたら、脚を替えて右の大腿四頭筋を伸ばす。

NG

かかととひざを近づけすぎない

体が硬い人は、前足のかかとと後ろ足のひざの間隔を縮めてもいいが、近づけすぎると大腿四頭筋が伸びなくなる。

1

背すじを伸ばした状態で、左ひざをついて立つ。このとき右ひざは90度にする。

2

左足を上げて両手でつかみ、そのまま上に持ち上げ、背すじを伸ばしたまま前方に体重をかける。1分間キープしたら、脚を替えて右の大腿四頭筋を伸ばす。

Point

お皿を後ろに見せるイメージ

前に体重をかけていくときは、ひざのお皿（膝蓋骨）を後ろに見せるイメージで行なうことで、さらに大腿四頭筋を伸ばせる。

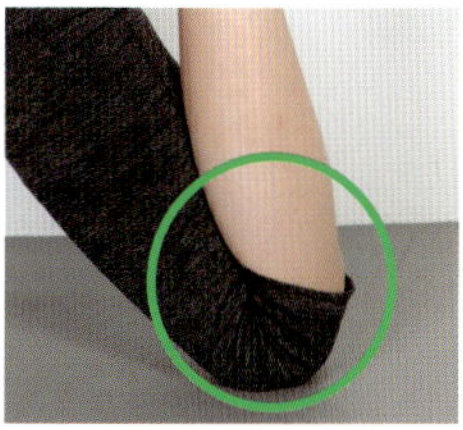

静

太ももを細くするストレッチ②

5つ目の基本のストレッチは、太ももの裏側を伸ばすストレッチ。片ひざをついた状態から ハムストリングをしっかり伸ばしましょう。

硬い人

1

背すじを伸ばした状態で右ひざをつき、左脚を前方に伸ばす。

2

伸ばした脚の足首を立て、両手を左ひざに置き押し込む。1分間キープしたら、脚を替えて右のハムストリングを伸ばす。

Point

伸ばす側のつま先を内側に

伸ばす側の足首を外返しにし、つま先を内側に倒して小指を起こすようにするとよく伸びる。

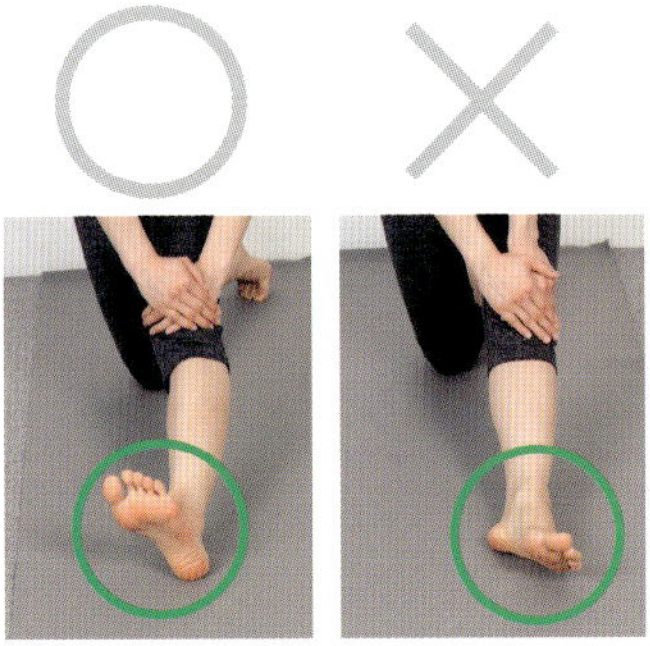

1

背すじを伸ばした状態で右ひざをつき、左脚を前方に伸ばす。

2

伸ばした脚の足首を立て、右手で立てた足の小指をつかみ、左手でひざを押し込む。1分間キープしたら、脚を替えて右のハムストリングを伸ばす。

Point

立てた足の小指をつかむ

足をつかむときは小指をつかむようにすること。親指や足指全体をつかむと、ハムストリングが伸びにくくなる。

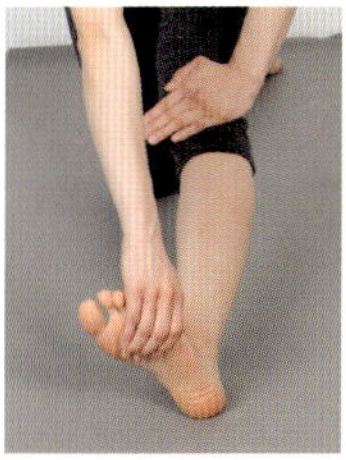

1

背すじを伸ばした状態で右ひざをつき、左脚は前方に伸ばす。

2

伸ばした脚の足首を立て、右手で立てた足の小指をつかみ、左手でひざを押し込む。このとき骨盤を起こして動作すること。1分間キープしたら、脚を替えて右のハムストリングを伸ばす。

Point

骨盤を起こすとさらに効果的

ひざを押し込んでいくときに骨盤を起こすことを意識すると、さらに伸びる。小指をつかむときから起こしておくことが大切。

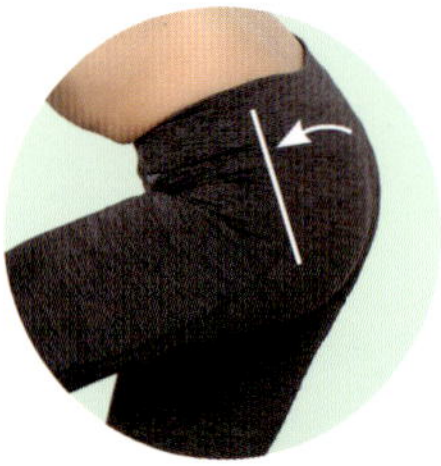

硬い人

静

お尻のたるみをなくすストレッチ

基本のストレッチ最後の種目はお尻のたるみをなくすストレッチ。**大殿筋、中殿筋**を伸ばして、お尻を引き締めましょう。

1

背すじを伸ばして座り、両ひざを曲げて右脚を上に、左脚を下にして交差する。このとき、右足は左ひざの外側に置く。

2

ひざを曲げたまま右脚を立て、両手で抱え込んで胸に引きつける。1分間キープしたら、脚を組み替えて、左のお尻を伸ばす。

Point

反対側の手を下にする

立てたひざを抱え込むときは、立てたひざと反対側の腕を下にする。ひざを立てた脚と同じ側の腕を下にすると引きつける力が弱くなる。

普通の人

1

背すじを伸ばして座り、両ひざを曲げて右脚を上に、左脚を下にして交差する。このとき、右足は左ひざの外側に置く。次にひざを曲げたまま右脚を立て、両手で抱え込む。

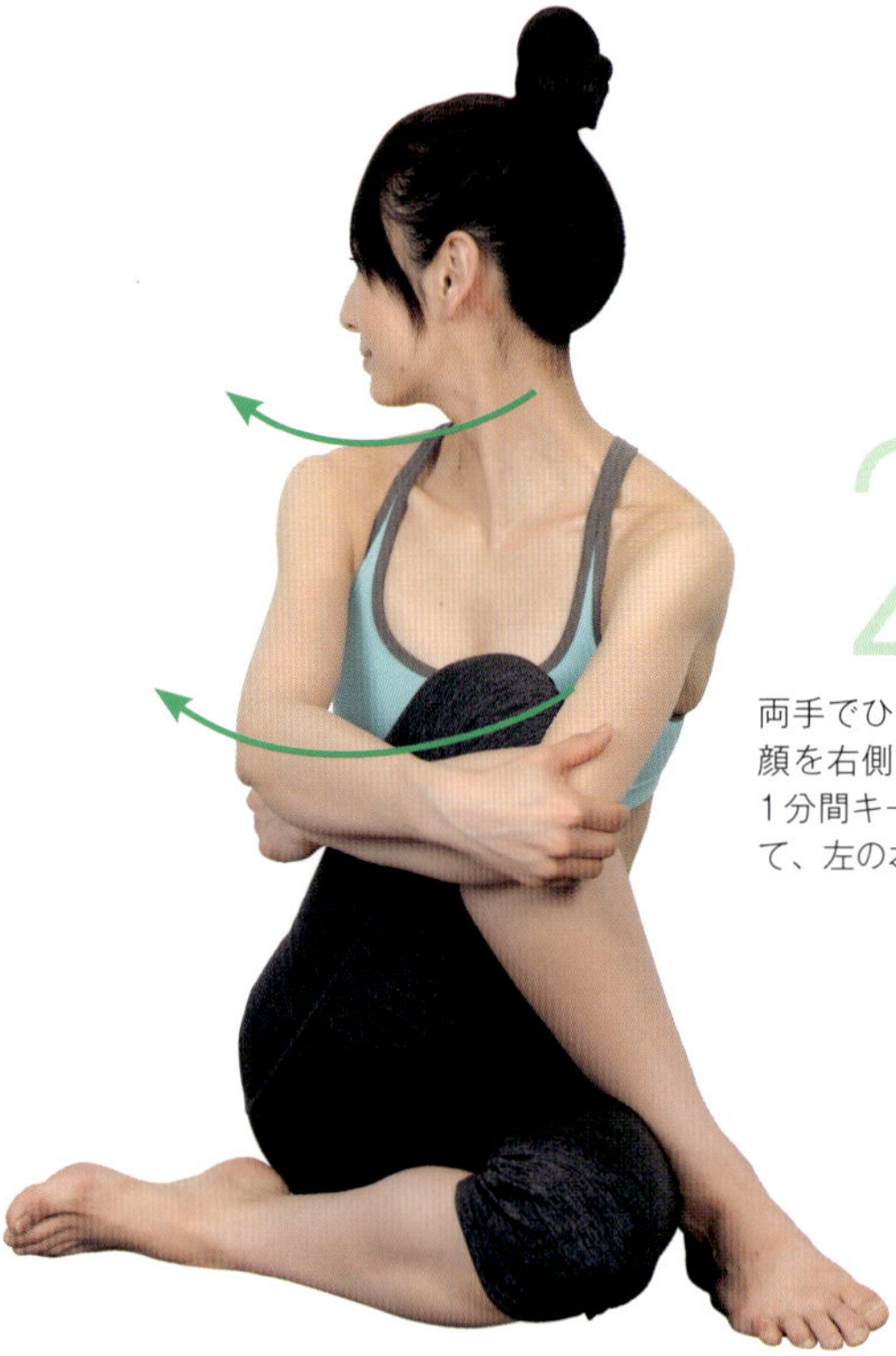

2

両手でひざを胸に引きつけながら、顔を右側に向けられるだけ向ける。1分間キープしたら、脚を組み替えて、左のお尻を伸ばす。

Point

顔をひねってもお尻は浮かせない

顔をひねるときは、体ごと向けてお尻が浮かないようにすること。お尻が床にしっかりついてこそ筋肉はよく伸びる。

1

背すじを伸ばして座り、両ひざを曲げて右脚を上に、左脚を下にして交差する。このとき、右足は左ひざの外側に置く。次にひざを曲げたまま右脚を立て、両手で抱え込む。

2

両手でひざを胸に引きつけながら、顔を右斜め上側に向けられるだけ向ける。このとき体を反らすことを意識する。1分間キープしたら、脚を組み替えて、左のお尻を伸ばす。

Point

目線は斜め上に

目線は斜め上を意識して顔をひねりながら体を反らすと、さらにお尻の筋肉を伸ばすことができる。ただし、ひざから腕を離さないように。

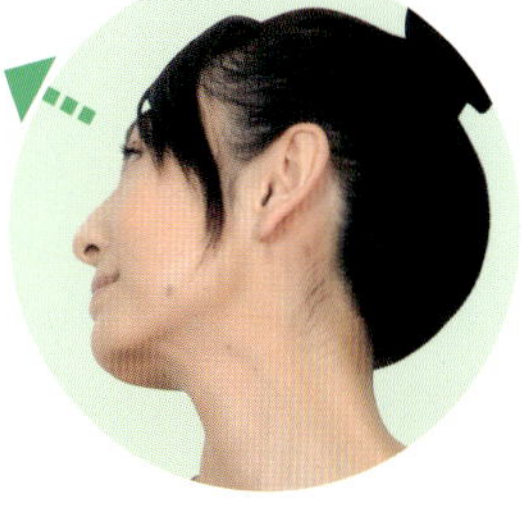

COLMUN

痛いところがなくなるだけで体脂肪が落ちる体になる

体の痛みの多くは筋肉が神経を締めつけて起こる

腰の痛み、背中の痛み、首の痛みなど、ある程度の年齢になると、痛いところがどこかにあると思います。仮に今は痛いところが全くないという人でも、過去にはどこかに痛みを覚えたことがあるはずです。

この痛みを解消することも、じつは体脂肪が落ちる体づくりには大切なことです。「痛みが消える」ことと「やせる」ことが結びつかない人も多いかもしれませんが、痛みがなくなると、同じ食事、同じ生活をしていても確実にやせることができます。というのは、痛みによって代謝活動が妨げられているからです。1章で血流が悪くなると代謝が悪くなると述べましたが、痛みも、じつは代謝を悪くしている原因なのです。

痛みを感じているということは、患部はうっ血して血流が滞っていることも考えられますし、痛めた組織が癒着することで筋肉のポンプ作用が機能しにくくなっている可能性もあります。そして、痛みを理由に筋肉をしっかり動かせていないことによっても、ポンプ作用が鈍化しています。血流が悪くなれば代謝も落ちます。逆に、痛みが改善されて、筋肉が正しく動くようになると代謝が正常に戻ります。

これだけで体脂肪は落ちやすくなります。

そもそも、体の痛みやはれぼったさ、しびれなどの多くは、こわばった筋肉が神経を締めつけることによって起こります。筋肉をゆるめてあげることで、それが改善されるだけでなく、そこの血流までスムーズになります。

普段動かすことが少ない筋肉は傷つきやすいものです。激しいトレーニングだけでなく、日常生活のなかでも簡単に傷つきます。筋肉が傷つくとそこに老廃物が溜まり、血流が悪くなります。痛みを感じるようになる前に、日ごろからまめにストレッチをしておくことが、代謝機能を正常に働かせるためのポイントなのです。

CHAPTER

3

上半身の ストレッチ

基本のストレッチ６種目を継続すると、ストレッチだけで体脂肪を落とせることが実感できるはずです。CHAPTER3からは、さらに効果を高めるとともに、毎日のストレッチにメリハリをつけるためのさまざまな種目を紹介します。まずは上半身から始めましょう。

肩、胸、腕などを伸ばして上半身の体脂肪を落とす

静的ストレッチは胸、前腕、指、動的ストレッチは肩と腕

上半身をターゲットにしたストレッチは、静的ストレッチを4種目、動的ストレッチを5種目紹介します。

静的ストレッチは、胸にある大きな筋肉の大胸筋、その奥にある小胸筋を伸ばすストレッチ、手首を曲げ伸ばししたり、物を握るときなどに使う前腕の屈筋と伸筋を伸ばすストレッチ、使いすぎで疲労が蓄積している指関節をほぐすストレッチになります。前腕と指に関しては、体脂肪の減少との関連性は小さい部位と言えますが、動きが悪くなると結果的には体全体に悪影響を及ぼすことも考えられるので、ストレッチしておくようにしましょう。動的ストレッチは、「二の腕」と言われる上腕三頭筋を伸ばすストレッチと、三角筋を対象にしたストレッチです。最後に紹介する種目は、「腕立て伏せ」のアレンジバージョンです。

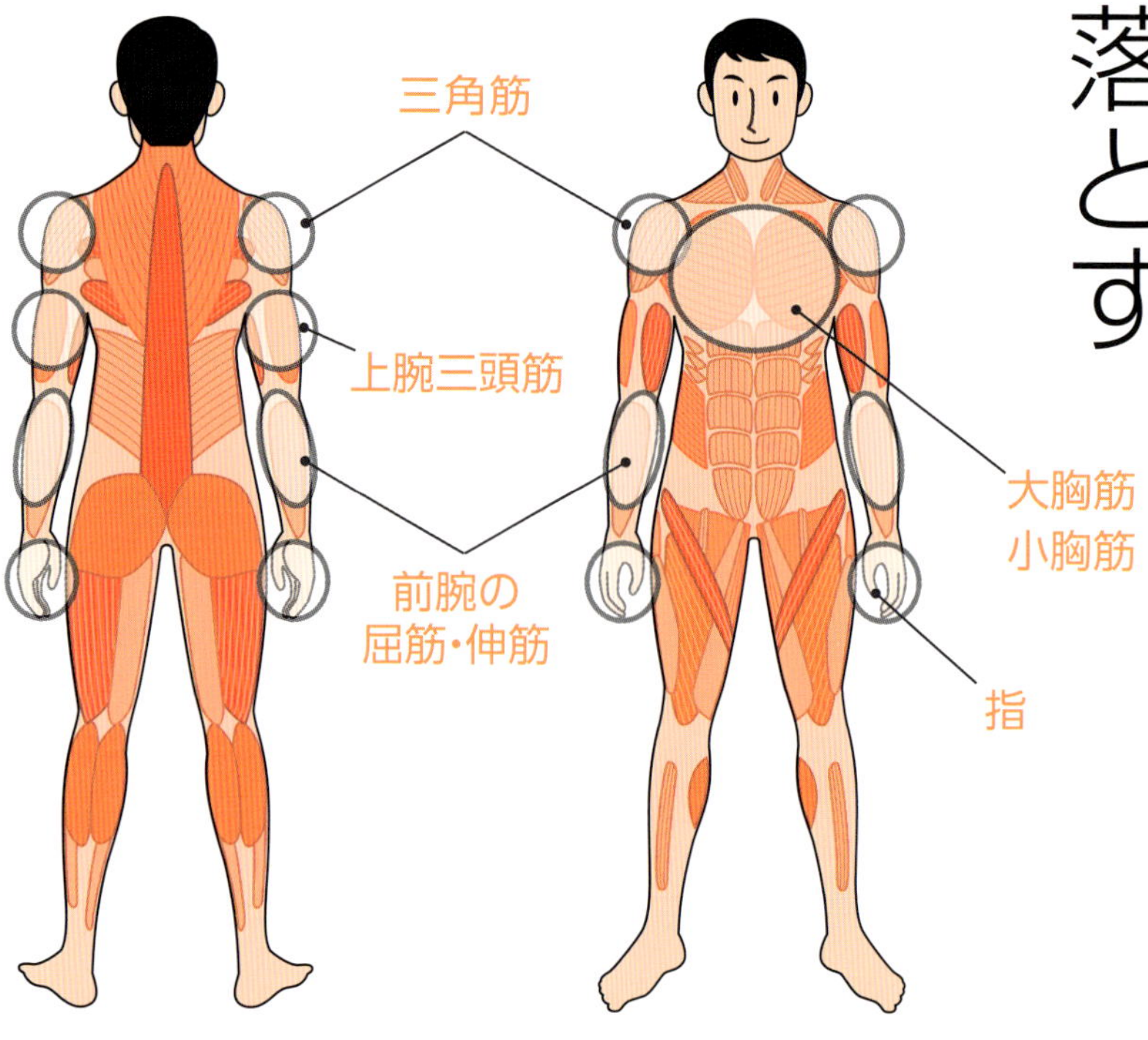

静

胸の筋肉を柔らかくするストレッチ

上半身の最初の種目は、胸の筋肉を柔らかくするストレッチ。出っ張ったコーナーの壁を利用して**大胸筋、小胸筋**を伸ばしましょう。

硬い人

1

背すじを伸ばして壁と平行に立ち、右ひじを曲げて肩の高さに上げて壁に当てる。

2

右腕を壁に当てたまま、少し前に出る。1分間キープしたら、腕を替えて左側の胸の筋肉を伸ばす。

Point

ひじは90度をキープする

壁に当てる腕は、ひじを曲げて90度に保つこと。一歩前に出るときも、最初の姿勢を崩さずにキープすると胸の筋肉がよく伸びる。

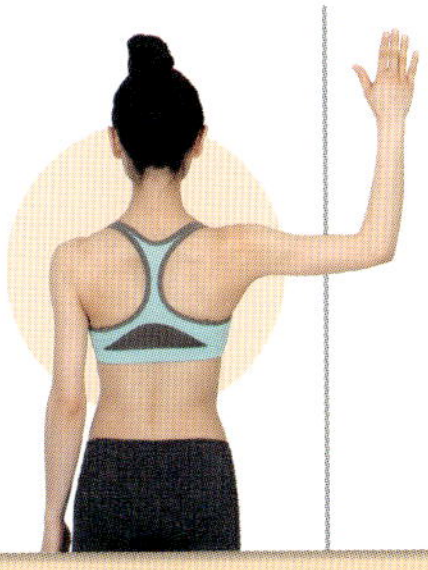

普通の人

1

背すじを伸ばして壁と平行に立ち、右ひじを曲げて肩の高さに上げて壁に当てる。

2

右腕を壁に当てたまま少し前に出て、さらに体を足から左側に回転させる。1分間キープしたら、腕を替えて左側の胸の筋肉を伸ばす。

NG

ひじの位置を下げない

ひじは肩の高さをキープすることで、大胸筋がよく伸びる。逆に下げると伸びにくくなる。

柔らかい人

1

背すじを伸ばして壁と平行に立ち、右ひじを曲げて肩の高さに上げて壁に当てる。右腕を壁に当てたまま少し前に出て、さらに体を足から左側に回転させる。

2

顔を左側に向けられるだけ向ける。1分間キープしたら、腕を替えて左側の胸の筋肉を伸ばす。

Point

ひじを伸ばすとさらに伸びる

曲げていたひじを伸ばして同じ動作を行なうと、さらに胸の筋肉が伸びる。このとき、伸ばす側の腕を斜め上に向ける

普通の人　硬い人

静

前腕をゆるめるストレッチ①

上半身の次の種目は、前腕をゆるめるストレッチ。腕を前方に突き出して**前腕の屈筋**を伸ばしましょう。

1

背すじを伸ばして真っすぐに立ち、ひじを伸ばしたままの右腕を、手のひらを上にして前に出す

2

左手で右手の指を持ち、ゆっくり手前に引き寄せる。1分間キープしたら、腕を替えて同じように左腕の屈筋を伸ばす。

Point

親指を第二関節に当てて握る

指を持つときは、伸ばす側の指の第二関節に、もう片方の手の親指を当てるように持ち、人差し指側を特に強く引き寄せるとよく伸びる。

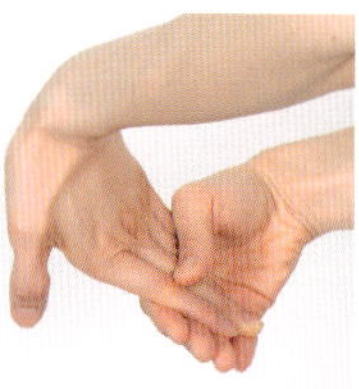

柔らかい人

1

背すじを伸ばして真っすぐに立ち、ひじを伸ばしたままの右腕を、手のひらを上にして前に出す。

2

右腕を肩の高さに上げ、左手で右手の指を持ち、ゆっくり手前に引き寄せる。1分間キープしたら、腕を替えて同じように左腕の屈筋を伸ばす。

Point

ひじを伸ばしたまま ストレッチ

指を手前に引き寄せるとき、ひじが曲がらないように注意すること。ひじが曲がるとストレッチ効果が低くなる。

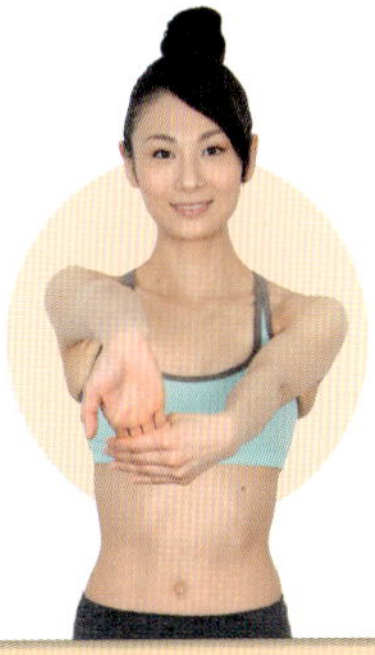

普通の人　硬い人

静

前腕をゆるめるストレッチ②

前腕をゆるめるストレッチの2種目目。手の甲を上に向けて拳を前方に突き出し**前腕の伸筋**を伸ばしましょう。

1

背すじを伸ばして真っすぐに立ち、ひじを伸ばしたままの左腕を、手の甲を上にして前に出す。このとき拳を軽く握っておく。

2

右手で左の拳を持ち、ゆっくり手前に引き寄せる。1分間キープしたら、腕を替えて同じように右腕の伸筋を伸ばす。

Point

拳を握ったまま行なう

軽く拳を握ることで、より伸筋が伸びる。人差し指と中指を下に押し込むようにすると、さらに伸びる。

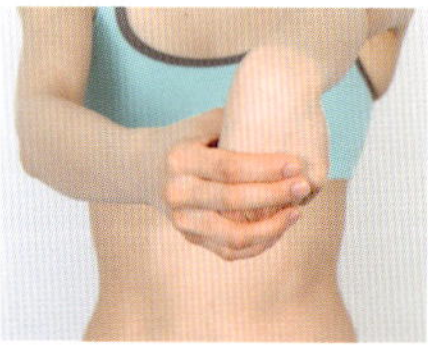

柔らかい人

1

背すじを伸ばして真っすぐに立ち、ひじを伸ばしたままの左腕を、手の甲を上にして前に出す。このとき拳を軽く握っておく。

2

左腕を肩の高さに上げ、右手で左の拳を持ち、ゆっくり手前に引き寄せる。1分間キープしたら、腕を替えて同じように右腕の伸筋を伸ばす。

NG

ひじは伸ばしたまま肩の高さをキープ

ひじは伸ばしたまま、さらに肩の高さをキープしたままストレッチする。高くなりすぎると、ひじを伸ばす意識が弱まるので注意。

普通の人　硬い人

静

指関節を整えるストレッチ

上半身の静的ストレッチ最後の種目は、
指関節を整えるストレッチ。
使いすぎてかたまった**指の関節**を
一本一本丁寧に伸ばしながらほぐしましょう。

1

左腕のひじを軽く曲げて手のひらを上に向ける。右手で、左手の指を1本ずつ持って、第一関節、第二関節と順番に反らしていく。すべての指が終わったら、腕を替えて右手の指をストレッチする。

Point

反らないときは無理せずに

指が曲がったままの人や反らない人は、まず指を真っすぐにすることを目標にストレッチする。力を入れすぎて無理に伸ばさないようにすること。

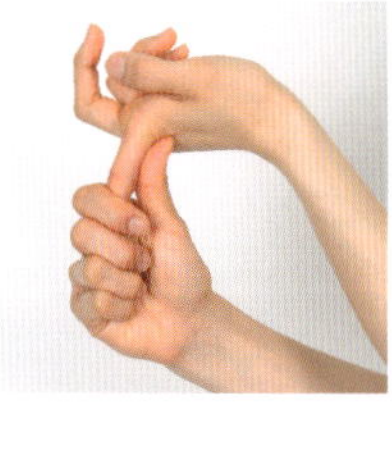

柔らかい人

1

左腕のひじを軽く曲げて手のひらを上に向ける。右手で、左手の指を1本持つ。

2

ひじを伸ばして、指を1本ずつ、各関節ごとに反らしていく。すべての指が終わったら、腕を替えて右手の指をストレッチする。

Point

1本ずつ丁寧に伸ばしながらほぐす

指は1本ずつストレッチすること。すべての指をまとめて伸ばすと、前腕をターゲットにしたストレッチになるので注意すること。

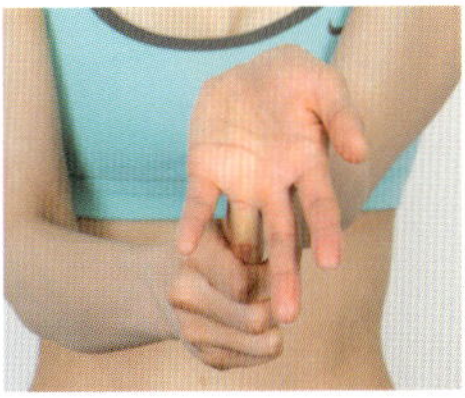

普通の人　硬い人

動

肩甲骨を柔らかくするストレッチ

上半身の動的ストレッチの1つ目の種目は、肩甲骨を柔らかくするストレッチ。手を後ろで組んで**肩甲骨**をしっかり動かしましょう。

1

背すじを伸ばして真っすぐに立ち、両手を後ろで組む。このとき、手のひらを下に向ける。

2

両手を組んだまま、肩甲骨を前後に動かす。目標20回。

NG

手のひらを下に向けて組む

手を組むときは、手のひらを下に向ける。正面に向けたり、上に向けたりするとストレッチ効果が低くなる。

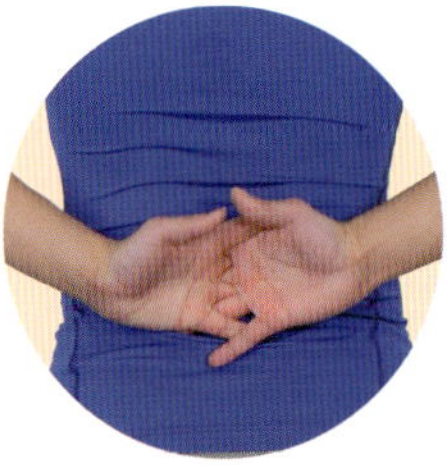

柔らかい人

1

背すじを伸ばして真っすぐに立ち、
両手を背中の後ろで合わせる。

2

両手を合わせたまま、肩甲骨を前に
動かす。

3

両手を合わせたまま、肩甲骨を後ろ
に動かす。目標20回。

普通の人　硬い人

動

二の腕をほっそりさせるストレッチ

上半身の動的ストレッチの2つ目の種目は、二の腕をほっそりさせるストレッチ。腕をひねりながら振って**上腕三頭筋**をしっかり絞りましょう。

1

前後に足を開き、前に出した右脚は軽くひざを曲げ、後ろの左脚は伸ばして立つ。このとき右手は右脚の太ももの上に置き、左腕はひじを曲げておく。

2

左腕を前に軽く振り出す。

3

左腕を後ろに振りながらひじを伸ばす。2と3の動作を左右20回繰り返す。

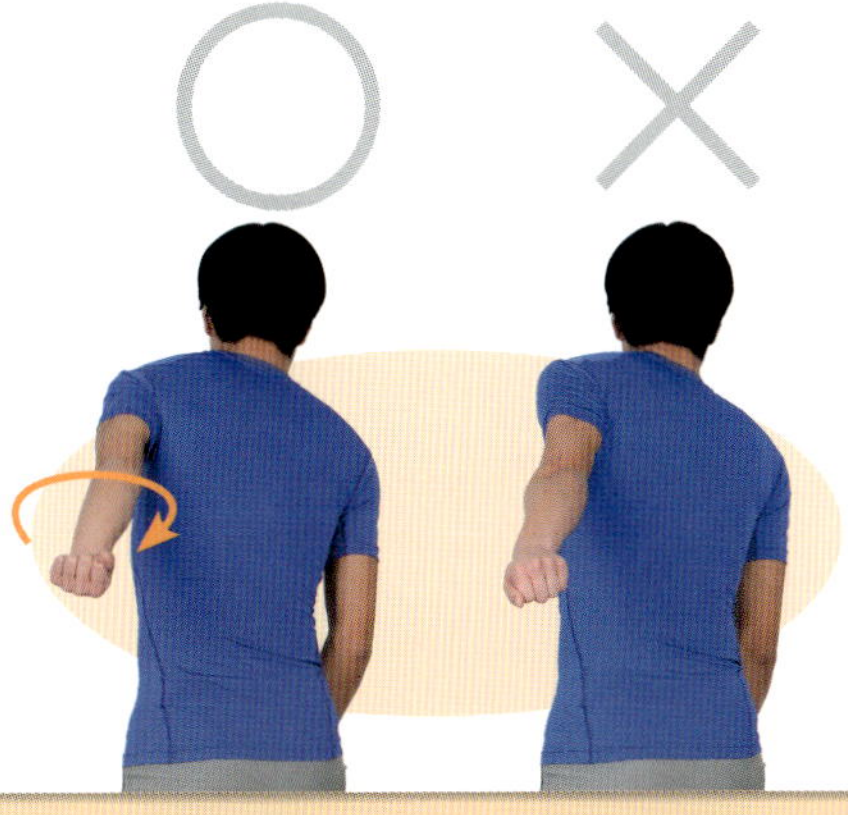

Point

内側にひねって手のひらを上に

ひじを伸ばしながら腕を内側にひねると、ひじが伸びたときに手のひらが上を向く。これが、上腕三頭筋を適度に刺激する正しいフォーム。

動

肩周りをほぐすストレッチ①

ここから肩周りをほぐす動的ストレッチを3つ紹介します。まず両腕を横に振って**三角筋**をほぐすストレッチです。

1

肩幅に足を開き、両腕を伸ばしたまま肩の高さより少し高い位置まで上げる。

2

ひざを曲げながら、両腕を下ろす。お腹の前で手を合わせたら、元の姿勢に戻る。目標30回繰り返す。

Point

両手はしっかり合わせる

三角筋の可動域を広くするために、肩の高さから両腕を下ろしたときは、両手をしっかり合わせる。

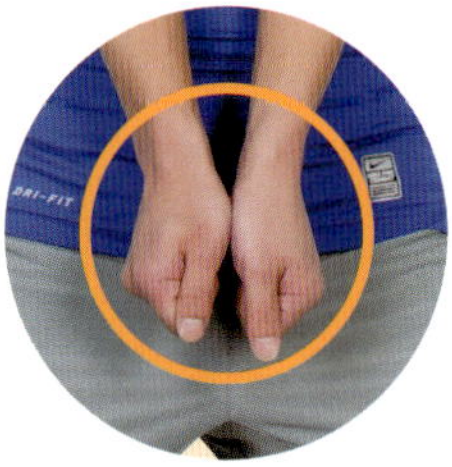

柔らかい人　普通の人　硬い人

動

肩周りをほぐすストレッチ②

肩周りの動的ストレッチの2つ目は、両腕を上下に動かすストレッチ。**三角筋**を上下に使いながら硬くなった筋肉をほぐしてあげましょう。

1

両足を肩幅に開き、両腕のひじを曲げて肩の高さまで上げる。このとき手のひらは正面に向ける。

2

腰を落としながら、両腕を両脇に引きつける。引きつけたら、元の姿勢に戻る。目標30回繰り返す。

NG

ひじを肩の高さまで上げる

回数が多くなって疲れてくると、1の体勢のときに腕を上げすぎたり、ひじを下げがちになるので、最初から肩の高さをキープすること。

柔らかい人　普通の人　硬い人

動

肩周りをほぐすストレッチ③

肩周りの動的ストレッチ最後の種目は、みなさんご存知の腕立て伏せ。ひと工夫するだけ**三角筋**を上手にほぐすことができます。

1

四つんばいになり、ひざから足先までを上げて足を組む。

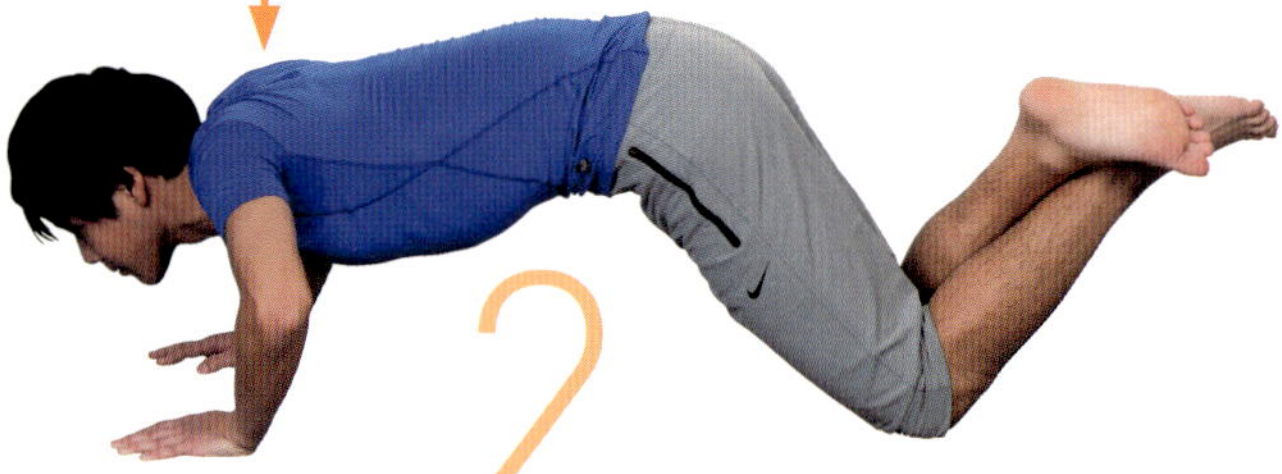

2

背すじを伸ばしたまま、ひじを曲げて伸ばす。目標30回繰り返す。

NG

腰は引かない

ひざ、腰の角度を変えずに、上半身にすべての体重を乗せるのがポイント。腰の角度を変えると腰を痛めるし、効果も半減する。

CHAPTER
4

下半身のストレッチ

体脂肪を落とすために大切なのが、大きな筋肉が集中する下半身をしっかり動かせる体をつくることです。CHAPTER4 では、その下半身の可動域を広げる静的ストレッチと動的ストレッチを紹介しましょう。

お尻、太もも、ふくらはぎを伸ばして効率的な代謝アップにつなげる

積極的に取り組めば体脂肪がみるみる落ちる

下半身をターゲットにしたストレッチは、静的ストレッチを11種目、動的ストレッチを6種目紹介します。

静的ストレッチは、お尻にある大きな筋肉である大殿筋、その奥にある中殿筋を伸ばすストレッチ、太ももの表側にある大腿四頭筋、裏側にあるハムストリング、内側にある内転筋を主に伸ばすストレッチ、ふくらはぎにある腓腹筋、ヒラメ筋、腓骨筋、さらにアキレス腱を伸ばすストレッチになります。

動的ストレッチも、静的ストレッチと同じようにお尻、太もも、ふくらはぎを伸ばすストレッチになります。

体を支えるために大きな筋肉が集中する下半身をしっかりストレッチしておくことで、日々の動作がスムーズになり活動的になります。それだけ代謝がよくなり、体脂肪の減少につながります。

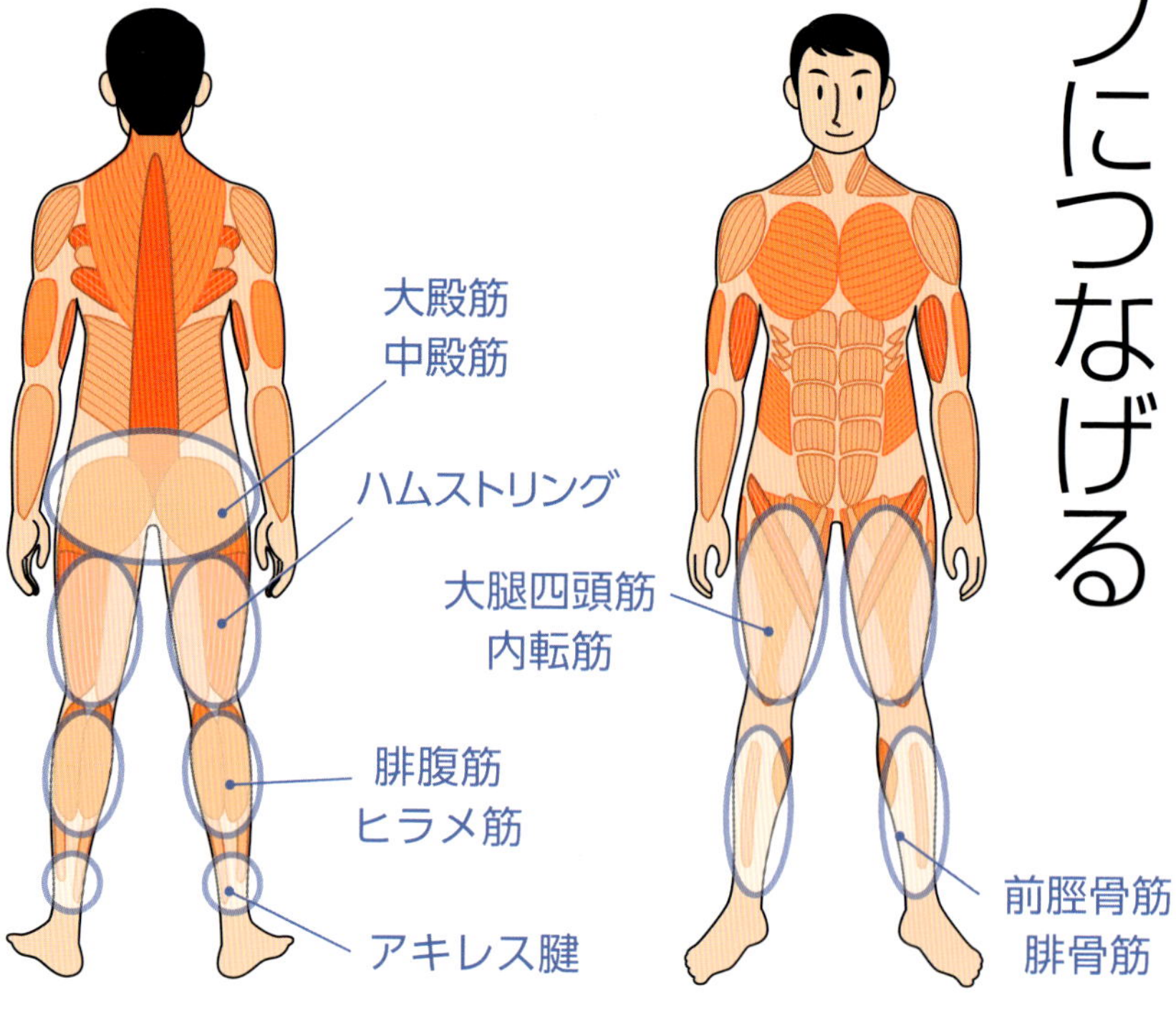

静

お尻を引き締めるストレッチ①

下半身の最初のターゲットはお尻です。お尻を引き締めるストレッチを3種目紹介。1つ目は足を前後に開いた状態から**大殿筋**、**中殿筋**を伸ばしましょう。

1

背すじを伸ばしたまま、足を前後に開き、前脚はひざを曲げて足裏を内側に向けて倒し、後ろ脚は伸ばす。両手は前方について体を支える。1分間キープしたら、脚を替えて反対側のお尻の筋肉を伸ばす。

Point

伸ばしたい方と反対側の手に重心を乗せる

右側のお尻を伸ばすときは左手に、左側のお尻を伸ばすときは右手に重心を乗せるようにする。そうすれば筋肉がよく伸びる。

普通の人

1

背すじを伸ばしたまま、足を前後に開き、前脚はひざを曲げて足裏を内側に向けて倒し、後ろ脚は伸ばす。両手は前方について体を支える。

2

上体を前に倒す。1分間キープしたら、脚を替えて反対側のお尻の筋肉を伸ばす。

Point

前脚はできるだけ真っすぐに

上体を倒していくときは、ひざが深く曲がって足先が後方に向いてしまわないよう注意する。ひざを曲げる角度を小さくできれば、お尻の筋肉がさらに伸びる。

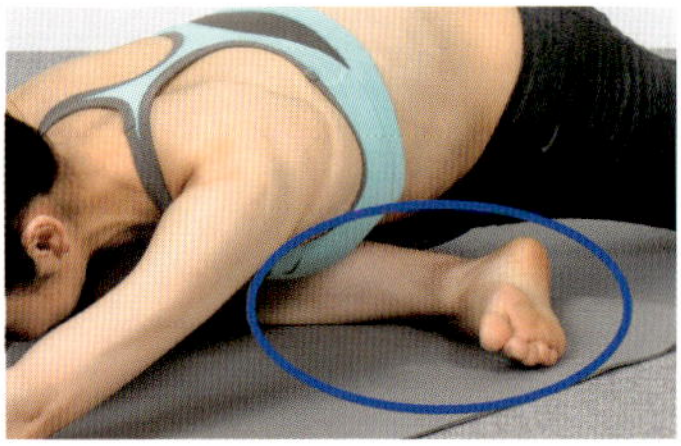

1

背すじを伸ばしたまま、足を前後に開き、前脚はひざを曲げて足裏を内側に向けて倒し、後ろ脚は伸ばす。

2

左手で前の足をつかみ、前方に引き上げるようにしながら上体を前に倒す。1分間キープしたら、脚を替えて反対側のお尻の筋肉を伸ばす。

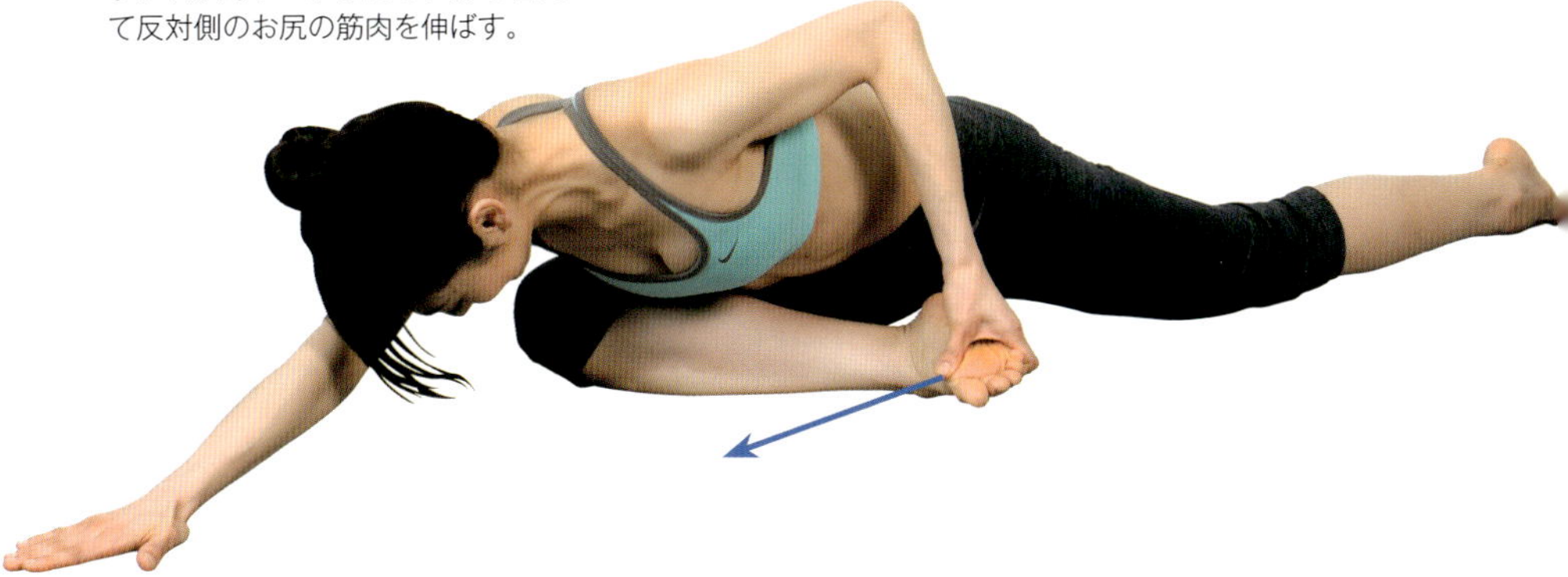

Point

前の足を先に引き上げるとよく伸びる

前の足を先に十分に引き上げてから上体を倒していく方が引き上げやすく、お尻の筋肉がよく伸びる。

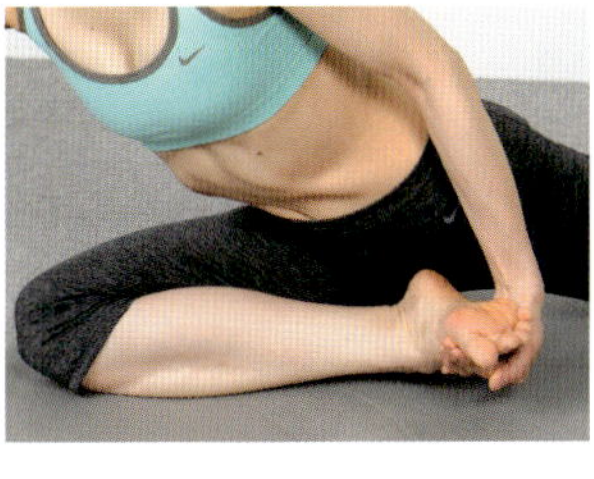

静

お尻を引き締めるストレッチ②

お尻を引き締める2つ目の種目は、椅子に座って行なうストレッチ。体を左右に倒しながら**大殿筋、中殿筋**を伸ばしましょう。

硬い人

1

背すじを伸ばして椅子に座り、右足を左脚の太ももに乗せる。

2

左手で右足を持ち、右手で右ひざを押し込む。1分間キープしたら、脚を替えて同じように左ひざを押し込む。

Point

足先はしっかり支える

足先をしっかりつかんで支えることで、ひざを強く押し込める。それだけお尻の筋肉が伸びることになる。

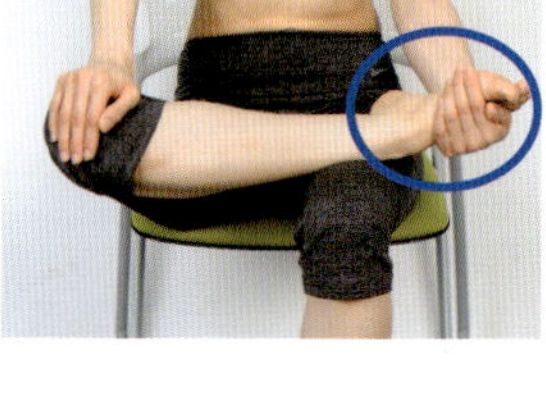

普通の人

1

背すじを伸ばして椅子に座り、右足を左脚の太ももに乗せる。次に左手で右足を持ち、右手を右ひざに当て、しっかり骨盤を起こす。

2

しっかり骨盤を起こしながら、右手で右ひざを押し込み、上体を左側と右側に倒す。それぞれ1分間キープする。上体を元の位置に戻したら、脚を替えて反対側のお尻の筋肉を伸ばす。

NG

お尻は浮かせない

伸ばす側のお尻が椅子から浮いてしまわないように注意すること。浮いてしまうと筋肉が伸びなくなる。

柔らかい人

1

背すじを伸ばして椅子に座り、右足を左脚の太ももに乗せる。次に左手で右足を持ち、右手を右ひざに当てる。

2

右手で右ひざを押し込みながら、上体を右側に倒し、1分間キープして上体を戻す。押し込む側と同じ側に倒すと中殿筋が中心に伸びる。

3

右手で右ひざを押し込みながら、上体を左側に倒し、1分間キープして上体を戻す。押し込む側と反対側に倒すと坐骨神経周りが中心に伸びる。上体を左右どちら側にも倒したら、脚を替えて反対側のお尻の筋肉を伸ばす。

静 ひざ下をすっきりさせるストレッチ①

下半身の次の種目は、ひざ下をすっきりさせるストレッチ。体を後ろに倒しながら**前脛骨筋**を伸ばしましょう。

1

背すじを伸ばして正座する。

2

左ひざを両手で持ち、引き上げられる範囲で引き上げる。1分間キープしたら、右ひざを同じように引き上げる。

Point

引き上げる側の足先を押さえる

正座した脚の足先は、引き上げる側の足先が下になるように交差させる。逆だったり、交差させないとすねの筋肉が伸ばされにくい。

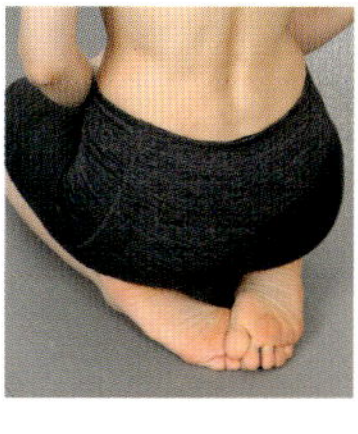

普通の人

1

背すじを伸ばして正座し、左ひざを両手で持って引き上げられる範囲で引き上げる。

2

上体を後ろに傾けながら、そのまま腕の力を使ってお腹の方に向けて左ひざを引きつける。1分間キープしたら、右ひざを同じように引きつける。

Point

ひざは真っすぐに引き上げる

ひざは、斜めにならないように真っすぐに引き上げる。真っすぐでないと、伸ばす力が弱くなる。

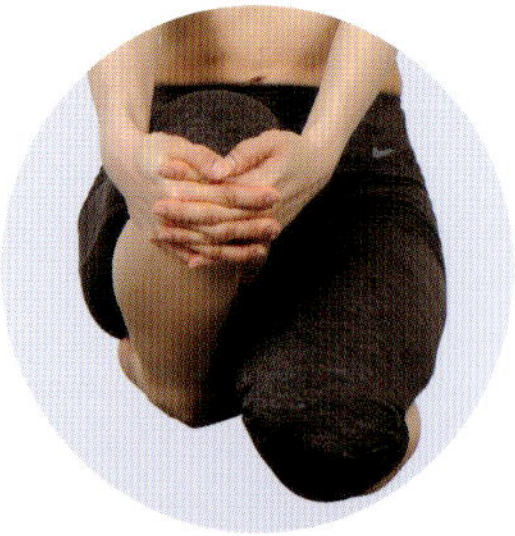

柔らかい人

1

背すじを伸ばして正座し、左ひざを両手で持って引き上げられる範囲で引き上げる。

2

そのまま腕の力を使ってお腹の方に向かって左ひざを引きつけ、さらに上体を後ろに反らす。1分間キープしたら、脚を替えて反対側のお尻の筋肉を伸ばす。

Point

目線は斜め上方向に

体を反らすときに、目線を斜め上に向けると、正面を見ているときより、さらにすねの筋肉がよく伸びる。

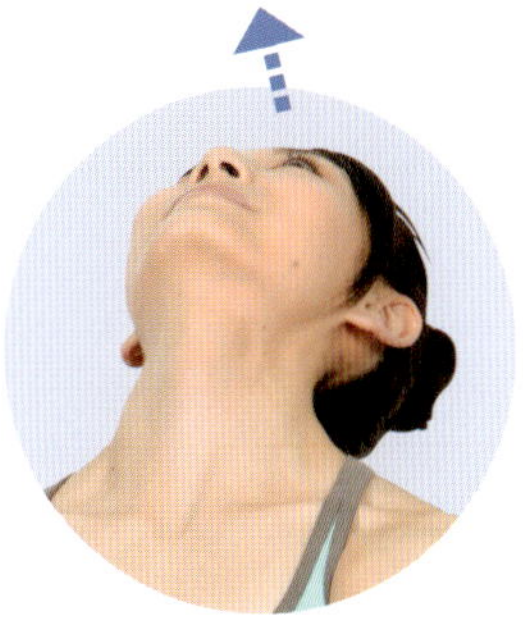

硬い人

静 ひざ下をすっきりさせるストレッチ②

ひざ下をすっきりさせるストレッチの2つ目の種目。まず、脚を前後に開いてふくらはぎと**アキレス腱**を伸ばしましょう。

前から

横から

1

背すじを伸ばし、脚を前後に開いて立ち、両手を腰にそえる。その状態から前の方にゆっくり体重をかける。このとき、後ろ足のかかとは床から上げないように。1分間キープしたら、脚を入れ替えて反対側のふくらはぎとアキレス腱を伸ばす。

Point

後ろ足のつま先を内側に

後ろ足のつま先を内側に向けることを意識すると、ふくらはぎとアキレス腱がよく伸びる。意識せずに行なうと外側に開きがちになるので注意すること。

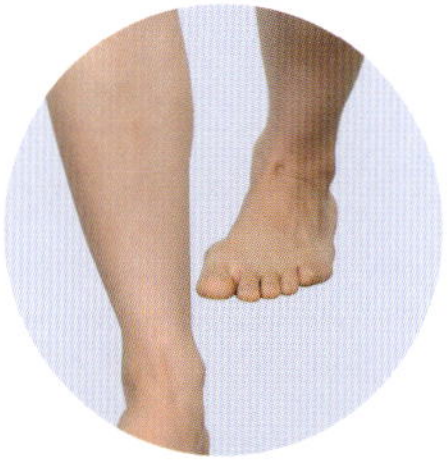

1

背すじを伸ばし、脚を前後に開いて立ち、両手を腰にそえる。このとき、後ろ足のつま先を上げておく。その状態から前の方にゆっくり体重をかける。このとき、後ろ足のかかとは上げないように。1分間キープしたら、脚を入れ替えて反対側のふくらはぎとアキレス腱を伸ばす。

Point

後ろ足のつま先を上げる

内側に向けた後ろ足のつま先を上げてストレッチすると、さらにふくらはぎとアキレス腱が伸びる。

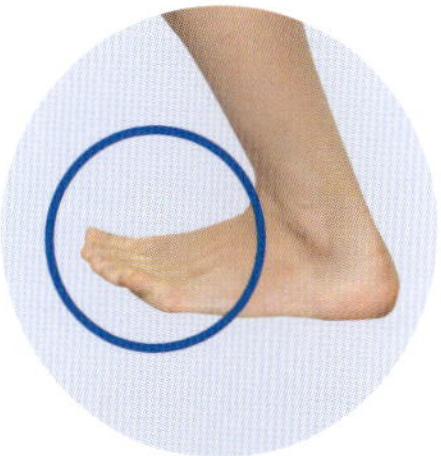

1

壁を前にして、脚を前後に開いて立つ。両手を肩の高さに上げて壁につける。その状態から、壁を押しながら前の方にゆっくり体重をかける。このとき、後ろ足のかかとは上げないようにしながらつま先を上げる。1分間キープしたら、脚を入れ替えて反対側のアキレス腱を伸ばす。

NG

腕は肩の高さをキープする

両手を壁の高い位置につくと、壁を押す力が弱くなり、ストレッチ効果が低くなる。

Point

骨盤を起こすことを意識する

壁に手をついた状態から骨盤を起こすだけでアキレス腱は伸びる。そこからストレッチ動作を続けると、さらにアキレス腱は伸びる。

静

ひざ下をすっきりさせるストレッチ③

ひざ下をすっきりさせるストレッチの3つ目の種目。立った状態から体を前に倒して**腓骨筋**を伸ばしましょう。

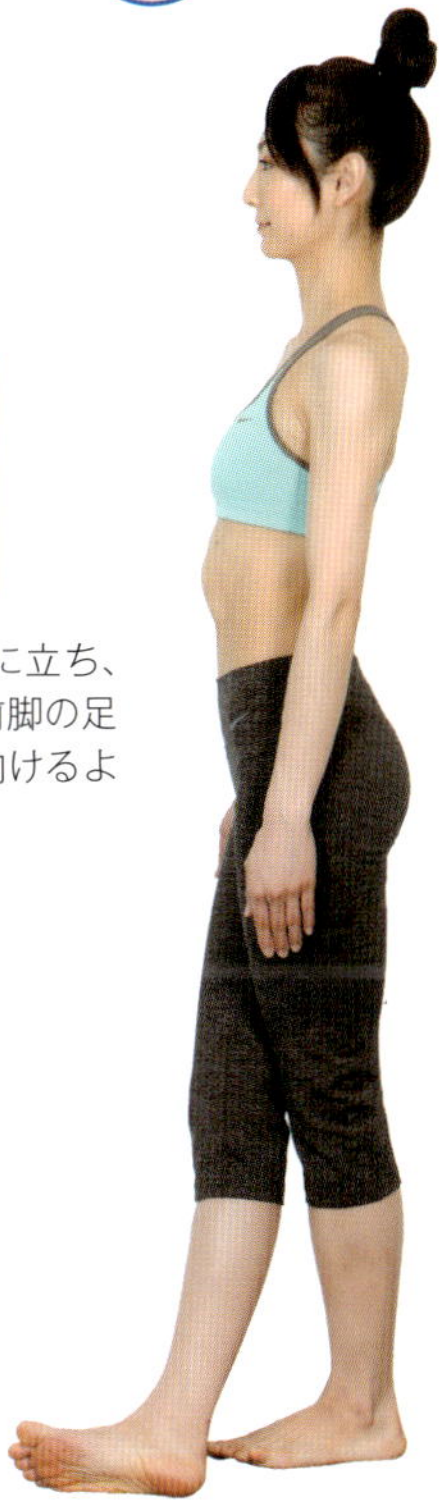

1

背すじを伸ばして真っすぐに立ち、両脚を交差する。このとき前脚の足裏を浮かせ、足先を内側に向けるように脚をひねる。

2

両ひざを伸ばしたまま上体を倒す。1分間キープしたら、脚を入れ替えて反対側も伸ばす。

Point

つま先は内側に向ける

前足のつま先は真っすぐ正面に向けるより、内側に向けた方が腓骨筋がよく伸びる。

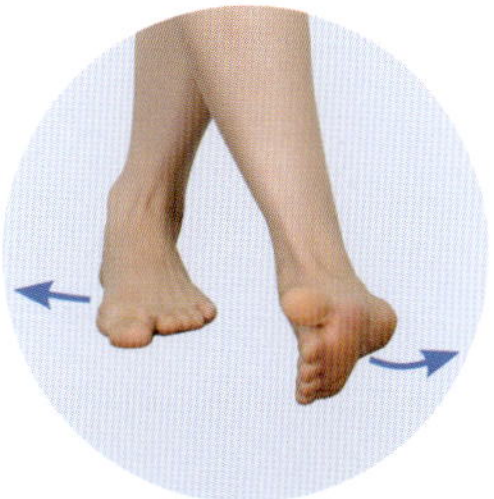

普通の人　硬い人

静 ひざ下をすっきりさせるストレッチ④

ひざ下をすっきりさせるストレッチの4つ目の種目。椅子に座った状態で**腓腹筋からアキレス腱**を伸ばします。

1

足をそろえ、ひざを曲げて椅子に座る。両手はひざの辺りに置く。

2

左ひざに両手を置き、左足を床から離してひざを伸ばす。1分間キープしたら、左足を床に戻して、右ひざを伸ばす。

Point

小指側を返すイメージで

小指側を手前に返すようなイメージでひざを伸ばし、さらにすねの筋肉を伸ばすことを意識すると、腓腹筋からアキレス腱がよく伸びる。

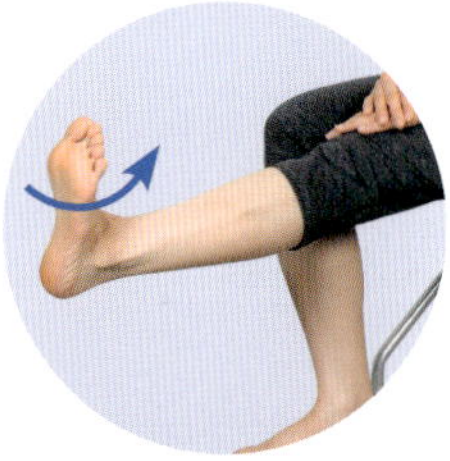

1

足をそろえ、ひざを曲げて椅子に座る。両手はひざの辺りに置く。

2

左ひざに両手を置き、骨盤をしっかり起こし、左足を床から離してひざを伸ばす。1分間キープしたら、左足を床に戻して、右ひざを伸ばす。

Point

骨盤を起こすとさらに伸びる

骨盤を起こすとひざ下の筋肉がよく伸びる。慣れないうちは、骨盤を起こした状態を確認しながら動作するとよい。

静

太ももから下を締めるストレッチ①

次の種目は、太ももから下を締めるストレッチ。足を前後に開いて立った状態から**アキレス腱からハムストリング**までを伸ばします。

1

足を肩幅くらいの広さに前後に開いて立つ。

2

両ひざを伸ばして両足かかとをつけたまま、上体を倒す。1分間キープしたら、脚を入れ替えて、同じように上体を倒す。

NG

ひざを曲げない

上体を倒すときに、ひざが曲がらないようにすること。ひざが曲がるとストレッチ効果が小さくなる。

柔らかい人　普通の人

1

足を前後に大きく開いて立ち、両ひざを伸ばして両かかとをつけたまま、上体を倒す。

2

さらに深く上体をゆっくり倒していくと同時に下げた両手を後方に持っていく。1分間キープしたら、脚を入れ替えて、同じように上体を倒していく。

Point

つま先は内側に向ける

後ろ足のつま先を内側に向けると、脚の裏側の筋肉がよく伸びる。前足のつま先も内側に向けるとさらにストレッチ効果がアップする。

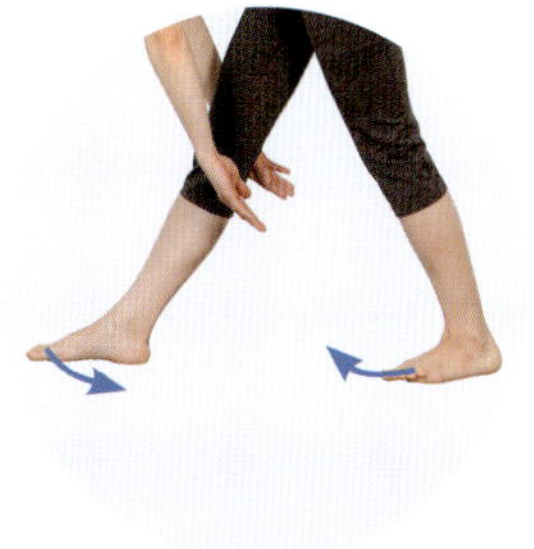

静 太ももから下を締めるストレッチ②

太ももから下を締めるストレッチの2つ目の種目。椅子やソファを利用して**アキレス腱**をしっかり伸ばしましょう。

1

正面に置いた椅子に右足を乗せ、両手をひざに当てて押し込む。1分間キープしたら、反対側の脚で行なう。椅子の高さが高ければ高いほど体が硬い人にはきついストレッチになる。

Point

骨盤を起こして押し込む

骨盤を起こし、背すじを伸ばした状態でひざを押し込むことで、アキレス腱がよく伸びる。

柔らかい人　普通の人

1

正面に置いた椅子に右足を乗せ、両手をひざに当てる。

2

右手でひざを押し込みながら、上体を前に倒していく。さらに左手で右足の小指側をつかみ引き上げる。1分間キープしたら脚を替えて、左脚のアキレス腱を伸ばす。

Point

小指をつかんで引き上げる

手でつかむのは伸ばす足の小指側。親指側をつかんだり、指全体をつかんで引き上げるとアキレス腱の伸びが弱くなる。

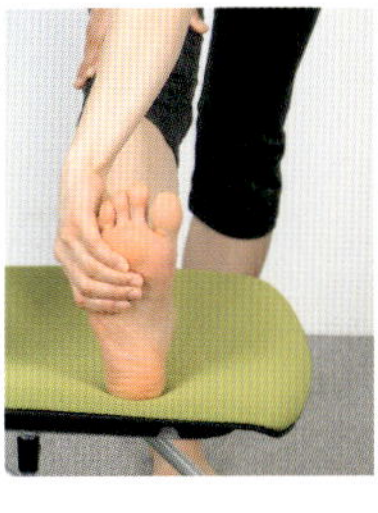

静

太ももの内側をシャープにするストレッチ

次のターゲットは太ももの内側です。太ももの内側をシャープにするストレッチでは、まず椅子を使って**内転筋**をしっかり伸ばしましょう。

硬い人

1

右側に置いた椅子に右足を乗せる。両手は腰にそえる。

2

右ひざを伸ばしたまま、ゆっくり上体を右側に倒していく。1分間キープしたら、椅子を左側に置き、左脚の内転筋を伸ばす。

Point

慣れてきたら手をひざに

少し柔らかい人や内転筋がほぐれてきたら、椅子に乗せた脚のひざに手を当てて体を倒すと、よりストレッチ効果が高くなる。

柔らかい人　普通の人

1

右側に置いた椅子に右足を乗せる。
両手は腰にそえる。

2

右ひざを伸ばしたまま、ゆっくり上体を右側に倒していく。そのとき、左腕も頭上から右側に倒す。1分間キープしたら、椅子を左側に置き、左側の内転筋を伸ばす。

Point

腕は真横に広げてから倒す

頭上から倒す腕は、一度、体の真横に広げてから上体と一緒に傾けていく。腕が顔の前を通ってしまうと、ストレッチ効果が小さくなる。

硬い人

静

太ももの表側をシャープにするストレッチ

このストレッチのターゲットは、太ももの表側です。椅子やソファを使って上手に**大腿四頭筋**を伸ばしましょう。

1

右側に置いた椅子に右足をひざを曲げて乗せる。

2

右足を両手でつかみ、お尻に向かって引き上げる。1分間キープしたら、椅子を左側に置き、左の大腿四頭筋を伸ばす。

Point

後ろ足は両手でしっかり持つ

曲げている足と同じ側の手で足の甲を持ち、反対側の手で足首のややひざ側を持つ。

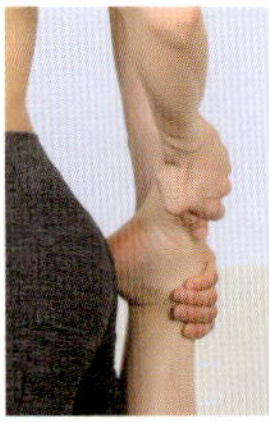

柔らかい人　普通の人

1

右側に置いた椅子に右足をひざを曲げて乗せる。

2

右足を両手でつかみ、体重を前にかけながらお尻に向かって引き上げる。このとき上体を倒さないこと。1分間キープしたら、椅子を左側に置き、左の大腿四頭筋を伸ばす。

Point

お皿を後ろの人に見せる

前に体重をかけていくときは、伸ばす側のひざのお皿を後ろの人に見せるようなイメージで行なうと、さらに大腿四頭筋が伸びる。

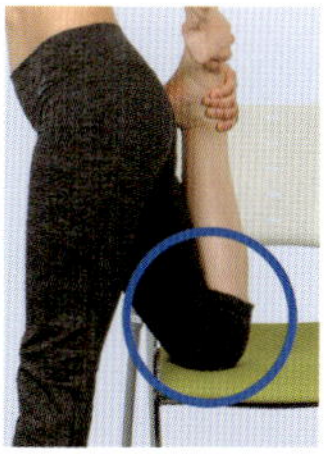

静

太ももの裏側をシャープにするストレッチ

このストレッチのターゲットは、太ももの裏側です。椅子やソファを使って上手に**ハムストリング**を伸ばします。

硬い人

1

正面に置いた椅子に右足を乗せ、背すじを伸ばす。両手は右ひざに置く。

2

背すじを伸ばしたまま、上体を前に倒していく。1分間キープしたら、左足を乗せて、同じようにハムストリングを伸ばす。

NG

背中を丸めない

上体を前に倒すときは背中を丸めずに倒していくこと。背中が丸まると太もも裏側がしっかり伸びなくなる。

柔らかい人　普通の人

1

正面に椅子を置き、少し離れて立つ。
椅子に右足を乗せ、背すじを伸ばす。
両手は右ひざに置く。

2

背すじを伸ばしたまま、上体を前に倒していく。このとき、右足のつま先を上げる。1分間キープしたら、左足を乗せて、同じようにハムストリングを伸ばす。

Point

つま先を上げた状態で上体を倒す

椅子に乗せた足のつま先を上げると、よりハムストリングが伸びる。そこから上体を倒すことでさらに伸びる。

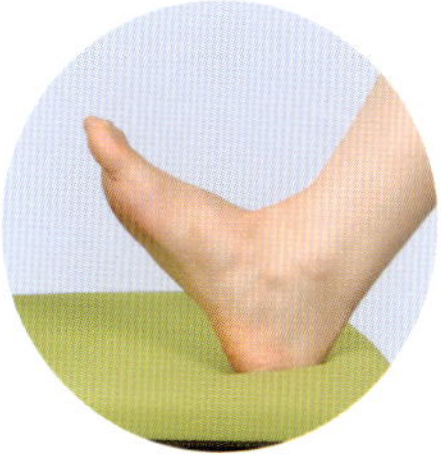

柔らかい人　普通の人　硬い人

動

股関節を柔らかくするストレッチ①

下半身の動的ストレッチの最初の種目は、股関節を柔らかくするストレッチ。四つんばいの状態から**お尻全体**と**外側広筋**を伸ばします。

1

両手を肩幅に開き、四つんばいになる。顔は斜め下を向く。

2

左脚を横に上げて下ろす。この動作を20回繰り返したら、次に右脚を横に上げて下ろす。

NG

体ごと傾けない

脚を上げるときに体ごと傾けないこと。股関節だけを動かすことで、可動域が広くなり柔らかくなる。

動

股関節を柔らかくするストレッチ②

股関節を柔らかくするストレッチの2つ目の種目は、四つんばいの状態から**お尻全体の筋肉**を伸ばします。

両手を肩幅に開き、四つんばいになる。顔は斜め下に向ける。

左脚をひざを曲げたまま後ろに蹴り上げて下ろす。この動作を20回繰り返したら、次に反対側の右脚で行なう。

Point

前に振ってから蹴り上げる

いったん前に振ってから後ろに蹴り上げると、可動範囲が増えるので、お尻全体のストレッチ効果が高くなる。

柔らかい人　普通の人　硬い人

動

太ももをほっそりさせるストレッチ①

動的ストレッチの次の種目は、太ももをほっそりさせるストレッチ。横に寝た状態から**内転筋**を伸ばします。

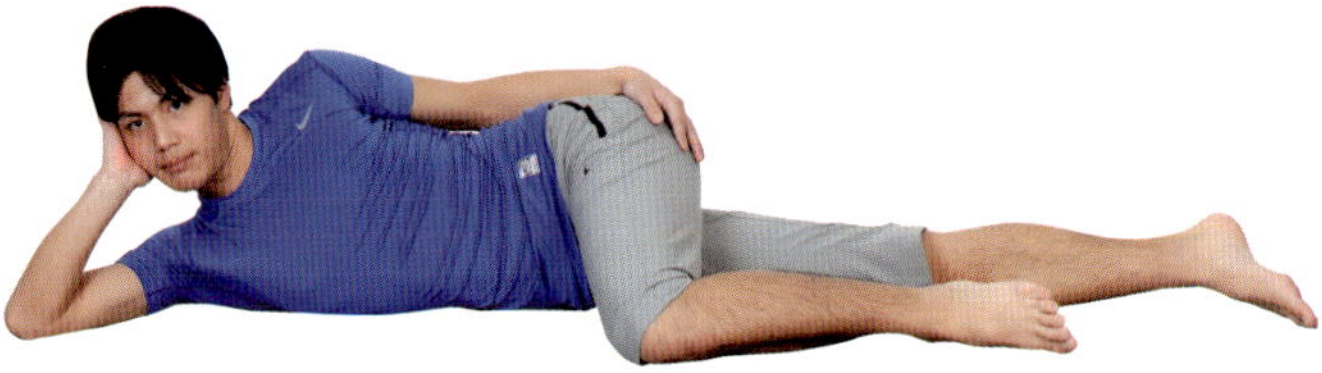

1

右ひじを立てて横になる。右脚は伸ばしたまま、左脚はひざを曲げて前に投げ出す。

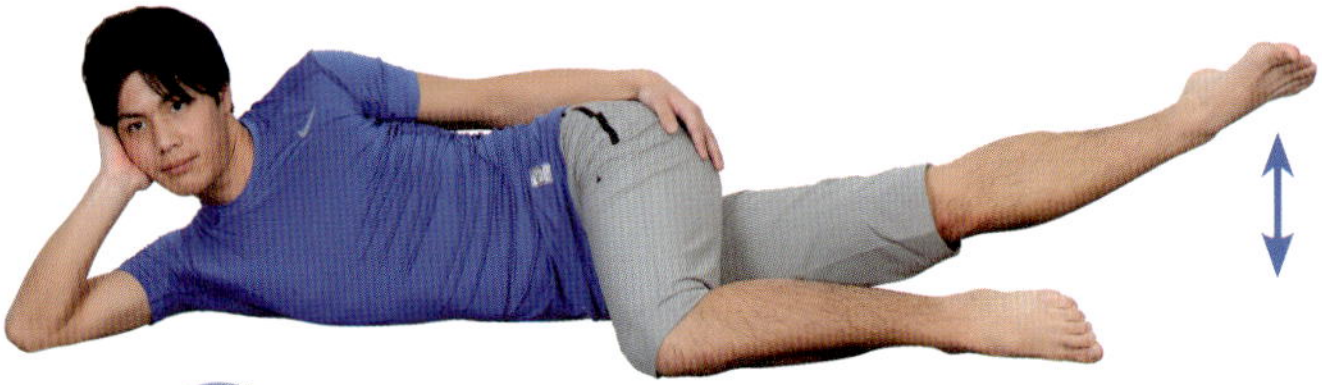

2

右ひざを伸ばしたまま右脚を上げて下ろす。20回繰り返したら、反対側の左脚の内転筋を同じように伸ばす。

Point

脚を床につけずに続ける

動作は、脚を宙に浮かせた状態で続ける。脚を浮かせることで筋肉により負担がかかるので、ストレッチ効果が高くなる。

柔らかい人　普通の人　硬い人

動

太ももをほっそりさせるストレッチ②

太ももをほっそりさせるストレッチの2つ目の種目は、横に寝た状態から大腿四頭筋の1つ、**外側広筋**を伸ばします。

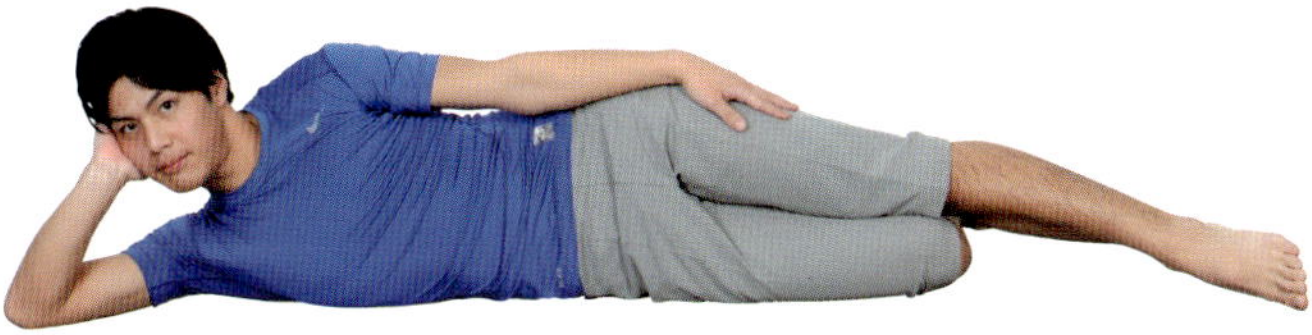

1 右ひじを立てて横になる。右脚はひざを90度に曲げ、左脚は右脚の上にひざをまっすぐに伸ばした状態で乗せる。左手は外側広筋を意識するために太ももの横に置く。

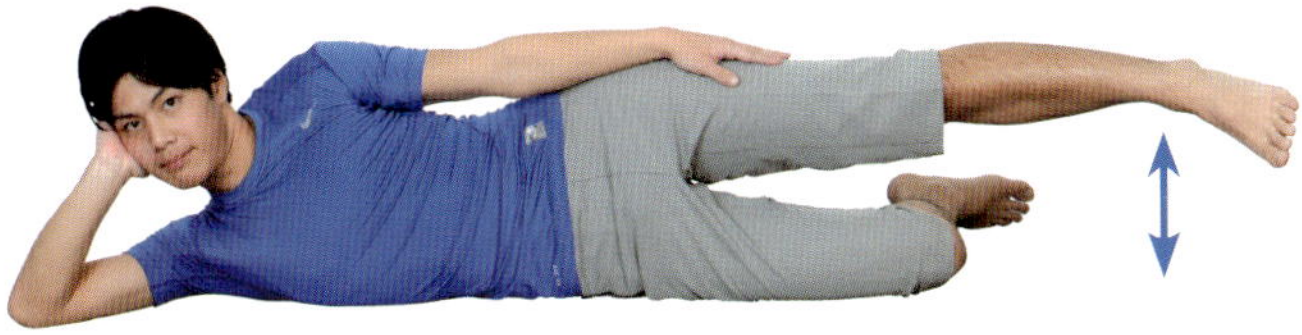

2 左脚を伸ばしたまま上げて下ろす。足を床につけずに動作を繰り返し、20回終わったら、反対側の右脚の外側広筋を同じように伸ばす。

NG

脚を上げすぎない

脚は、頭の高さと同じくらいか少し高いくらいに上げる。上げすぎは効果が小さくなるので注意すること。

動

脚全体をほっそりさせるストレッチ

脚全体をほっそりさせるための動的ストレッチは、あおむけに寝た状態から**下腿三頭筋、ハムストリング**を伸ばします。

硬い人

1

両腕、両脚を伸ばしてあおむけに寝る。

2

左足を胸に引き寄せ、上体を起こして足の指先を両手でつかむ。

3

両手で足の指先をつかんだまま、左脚を真上に伸ばし、元の位置に戻す。この動作を20回繰り返したら、脚を替えて同じ動作を行なう。

柔らかい人　普通の人

1

両腕、両脚を伸ばしてあおむけに寝る。次に左足を胸に引き寄せ、上体を起こして足の指先を両手でつかむ。

2

両手で足の指先をつかんだまま、左脚を真上に伸ばせるところまで伸ばし、元の位置に戻す。この動作を20回繰り返したら、脚を替えて同じ動作を行なう。

Point

足の腹をつかむとさらに効果的

体が硬い人は難しいかもしれないが、足の指先をつかむより、足の腹をつかんで行なった方がより効果がある。慣れてきたらチャレンジしよう。

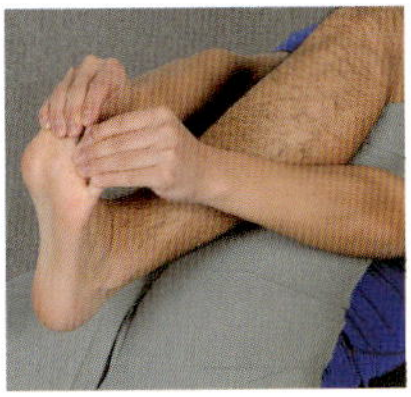

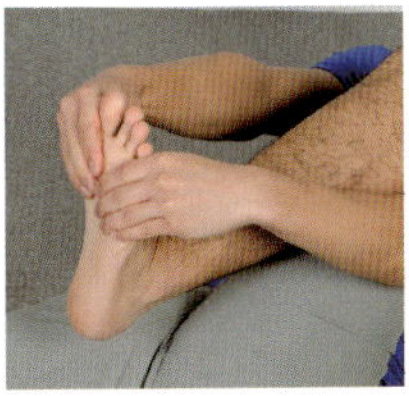

普通の人　硬い人

動

下半身をほぐすストレッチ

下半身の動的ストレッチの最後の種目は下半身全体をほぐすストレッチ。立った状態で**大腿四頭筋から大殿筋まで**を伸ばします。

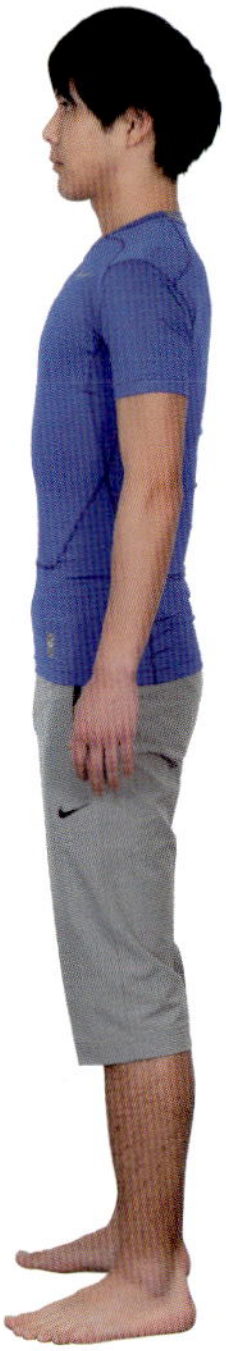

1

背すじを真っすぐに伸ばし、直立する。両手はリラックスさせておく。

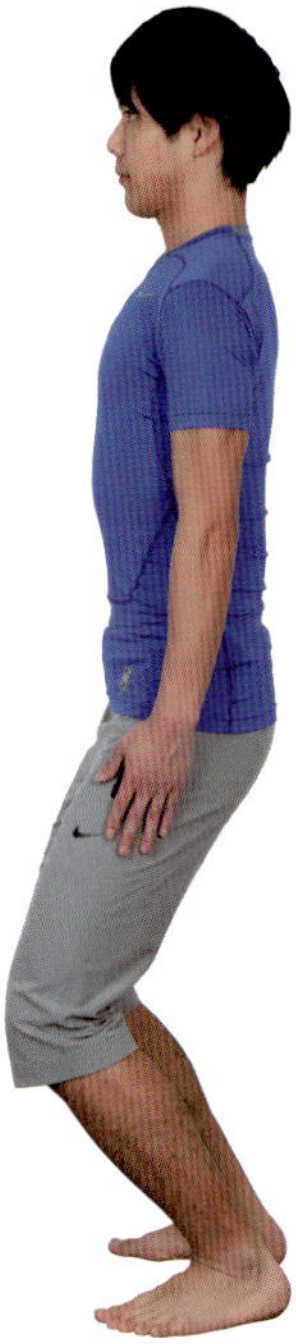

2

背すじを伸ばしたまま、両ひざを軽く曲げる。

3

お尻に体重をかけながら腰を落としていく。そのとき、両手は太ももを沿わせて大腿四頭筋の辺りまで動かす。

4

大腿四頭筋が軽く緊張するくらいまで腰を落としたら、元の姿勢に戻す。

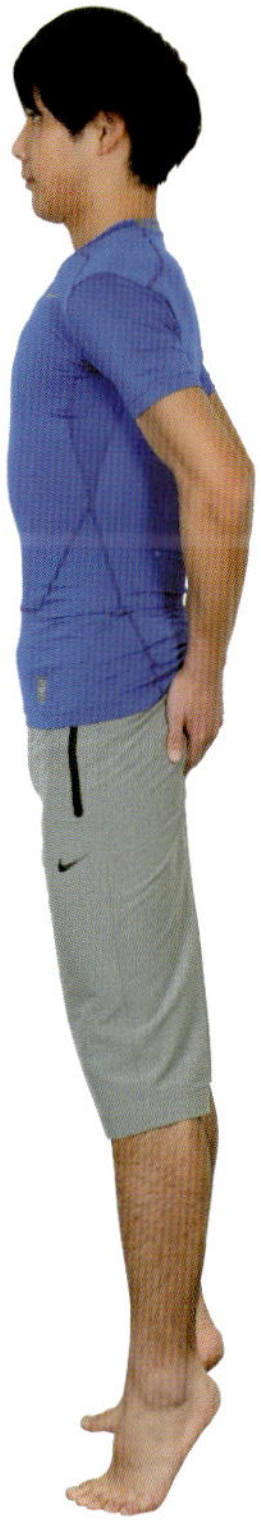

5

直立姿勢に戻ったら、そこで止まらずに、つま先立ちする。このとき両手は太ももを沿わせてお尻まで動かす。この動作を20回繰り返す。

Point

ターゲットにする筋肉を意識すると効果が上がる

ターゲットにする筋肉を意識するために、両手で該当する部分に触れながら動作を行なう。意識があるとないとでは、ストレッチ効果に大きな違いが出てくる。

COLMUN

痛みがあるときは「静」→「動」→「静」でプログラム

動ける痛みなら動いた方が早く改善する

代謝を高めたいときは静的ストレッチ→動的ストレッチ、体の柔軟性を高めたいときは動的ストレッチ→静的ストレッチ。これがプログラムを組むときの基本的な考え方ですが、もう1つ組み合わせがあります。

それは体に痛みがあるときです。もちろん動けないほど痛いときは休む必要がありますが、動けるのであればストレッチを行なった方が痛みが早くなくなります。最新の腰痛対策も、発症した時点では安静が基本ですが、動けるようになったら早めに腰痛改善体操に取り組む方が効果的であるといわれています。

痛みがあるときのプログラムは、静的ストレッチ→動的ストレッチ→静的ストレッチで構成します。本編で硬い人、普通の人、柔らかい人と3段階でストレッチを紹介しましたが、最初のストレッチは硬い人用のものでもかまいません。それでも筋肉痛のような痛みがあるかもしれませんが、そこで感じる痛みは必ずしも悪いものではありません。継続してストレッチを続けていると、やがてなくなる痛みです。痛みが消えるころには血流も改善しています。まずは、手加減しながらゆっくり筋肉を伸ばしましましょう。

次に、動的ストレッチで、少し動けるようになった関節を動かして、痛みのある筋肉をほぐしていきます。そして最後に、最初に行なったストレッチより少しきついストレッチを行なって筋肉を伸ばします。

静的ストレッチと動的ストレッチの組み合わせを変えるだけで効果は異なってきます。目的に合わせて上手にプログラムすることで、得られる成果も大きく変わってきます。まずは「静」→「動」、「動」→「静」、そして「静」→「動」→「静」の3つの組み合わせを上手に活用するとより効果的だと覚えておきましょう。

CHAPTER

5

体幹の
ストレッチ

人間の動作の基本となるのが体幹部分。体幹をしっかり動かすことができなければ活動量が少なくなり、それだけエネルギー消費量も小さくなります。体脂肪を落とすためにも、ここで紹介するストレッチを積極的に取り入れましょう。

腹筋、背筋を刺激する体幹のストレッチ

体幹ストレッチは「静的」より「動的」がおすすめ

体幹をターゲットにしたストレッチは、静的ストレッチを2種目、動的ストレッチを10種目紹介します。体幹部分のストレッチは、無理にひねった状態をキープすると体を痛めやすいので、動的ストレッチを多めに取り入れることをおすすめします。

静的ストレッチは、首を左右に倒す、前に倒すという2種類のストレッチです。動的ストレッチは、首から腰に向かって伸びている脊柱起立筋を中心とした背中の筋肉を刺激するストレッチ、腹直筋、腹横筋、さらにはお腹の奥にある筋肉を刺激するストレッチ、骨盤を正しい位置に整えるストレッチになります。

体幹はすべての動作の起点になる部分です。ここをしっかり動かせることが、体脂肪減少に大きく影響するのは言うまでもありません。

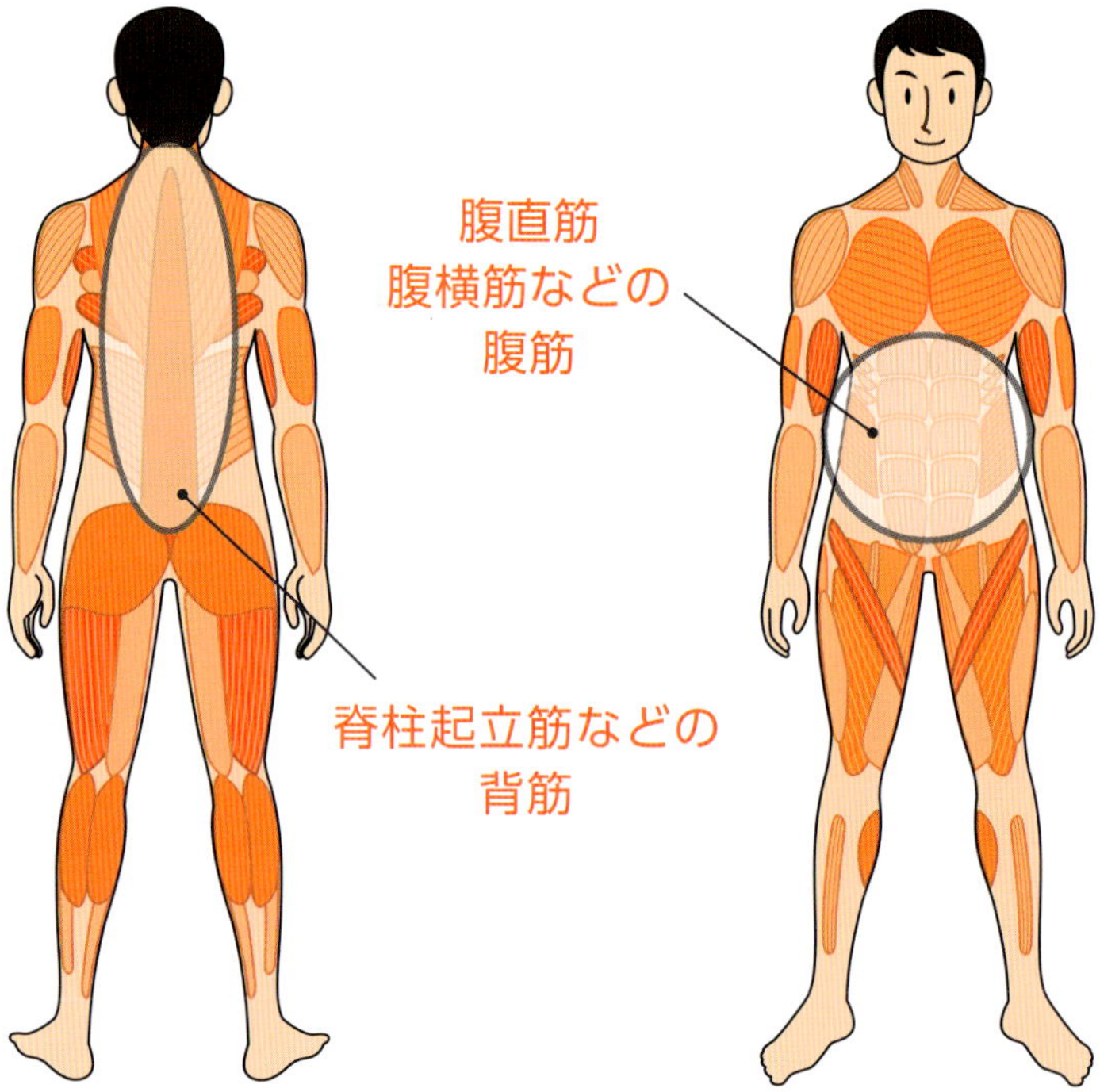

静

首をすっきりさせるストレッチ①

体幹の最初の種目は、
首をすっきりさせるストレッチ。
腕を上手に利用して
首のこりをほぐしましょう。

硬い人

1

背すじを伸ばして真っすぐに立ち、
左手を右肩に置く。

2

首を左に倒しながら、左手で右肩を
押し下げる。1分間キープしたら、
手を入れ替えて、反対側を伸ばす。

NG

**背すじを伸ばしたまま
首を倒す**

首を倒していくときに、背中が丸まら
ないように注意する。背すじを伸ばさ
ないと、首の筋肉がよく伸びない。

普通の人

前から

後ろから

1

背すじを伸ばして真っすぐに立ち、後ろで手を組む。首を左側に倒すときは、左手で右手を引っ張り、右側に倒すときは右手で左手を引っ張る。それぞれ1分間キープする。

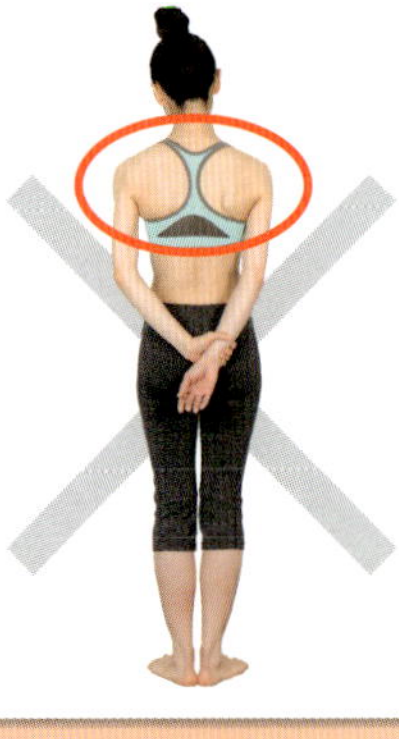

NG

肩が落ちるくらいに引っ張る

倒す側と反対側の手を引っ張るときは、肩が落ちるくらい引っ張らないとストレッチ効果が小さくなる。

前から

後ろから

1

背すじを伸ばして真っすぐに立ち、後ろで手を組む。首を左側に倒すときは、左手で右手を引っ張り、右側に倒すときは右手で左手を引っ張る。首を倒すときに、目線を斜め上に向ける。それぞれ1分間キープする。

Point

倒す側と逆の腕を引っ張る

左側に倒すときは右腕を、右側に倒すときは左腕を引っ張らないとストレッチ効果がなくなる。

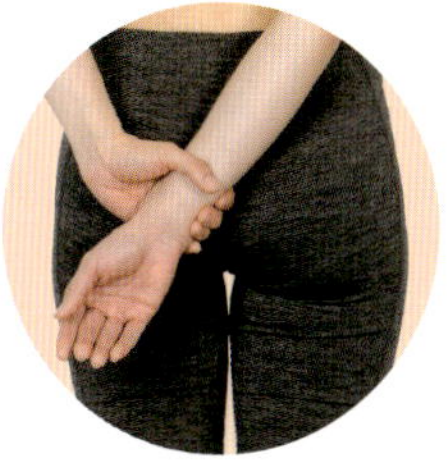

柔らかい人　普通の人　硬い人

静

首をすっきりさせるストレッチ②

首をすっきりさせるストレッチの2つ目の種目。両手を使って**首**をしっかり伸ばしましょう。

1

背すじを伸ばして真っすぐに立ち、頭の後ろで手を組む。

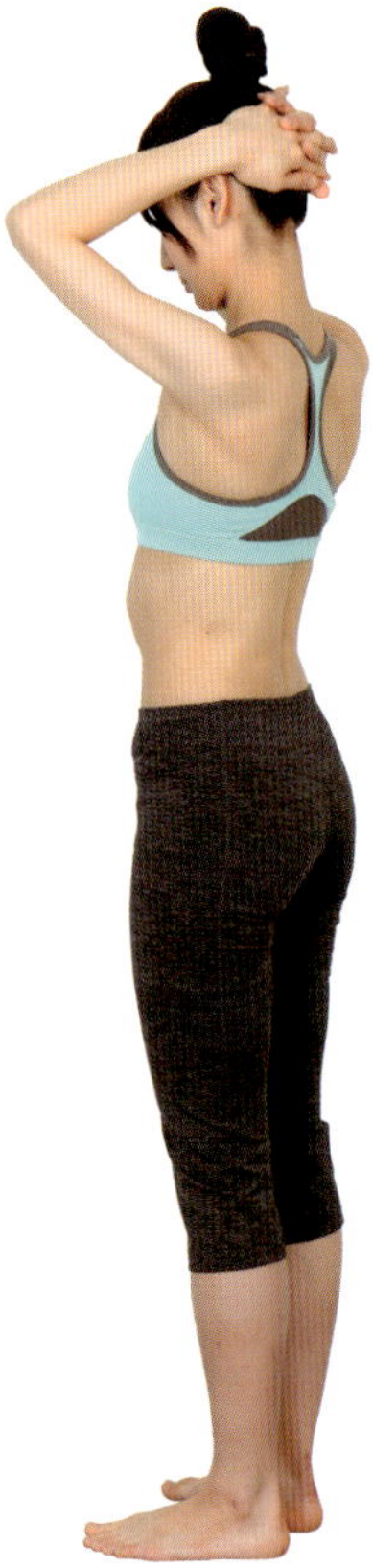

2

背すじを伸ばしたまま、両手で頭を前に押し下げながら首だけをゆっくり前に倒し、1分間キープする。

NG

背中を丸めると首を痛める

首を倒すときに背中を丸めてしまうと首を痛めることにつながる。背すじを伸ばしたまま行なうことが大切。

柔らかい人　普通の人　硬い人

動

背中を引き締めるストレッチ

体幹部分の動的ストレッチの1つ目は、背中を引き締めるストレッチ。あおむけに寝た状態から**背筋**を伸ばしましょう。

1

ひざを立てた状態であおむけに寝る。

2

両手を床について、腰を持ち上げる。痛みが出ない範囲で持ち上げて20秒キープしたら腰を落として3～5秒休み、また持ち上げる。トータルで約2分間行なう。

Point

腰に手を当てると効果が上がる

腰を持ち上げるときに腰に手を当てると、背筋への意識が高くなり、ストレッチ効果が高くなる。

普通の人　硬い人

動

腰周りを安定させるストレッチ①

体幹部分の動的ストレッチの2つ目は、腰周りを安定させるストレッチ。あおむけに寝た状態から**体幹部分**を大きく動かしましょう。

1

ひざを立ててあおむけになる。両手は横に真っすぐ伸ばす。

NG

足の位置を遠くにしない

足を置く位置はできるだけお尻に近い位置に置くこと。遠くに置くと、腰周りを大きく動かせなくなる。

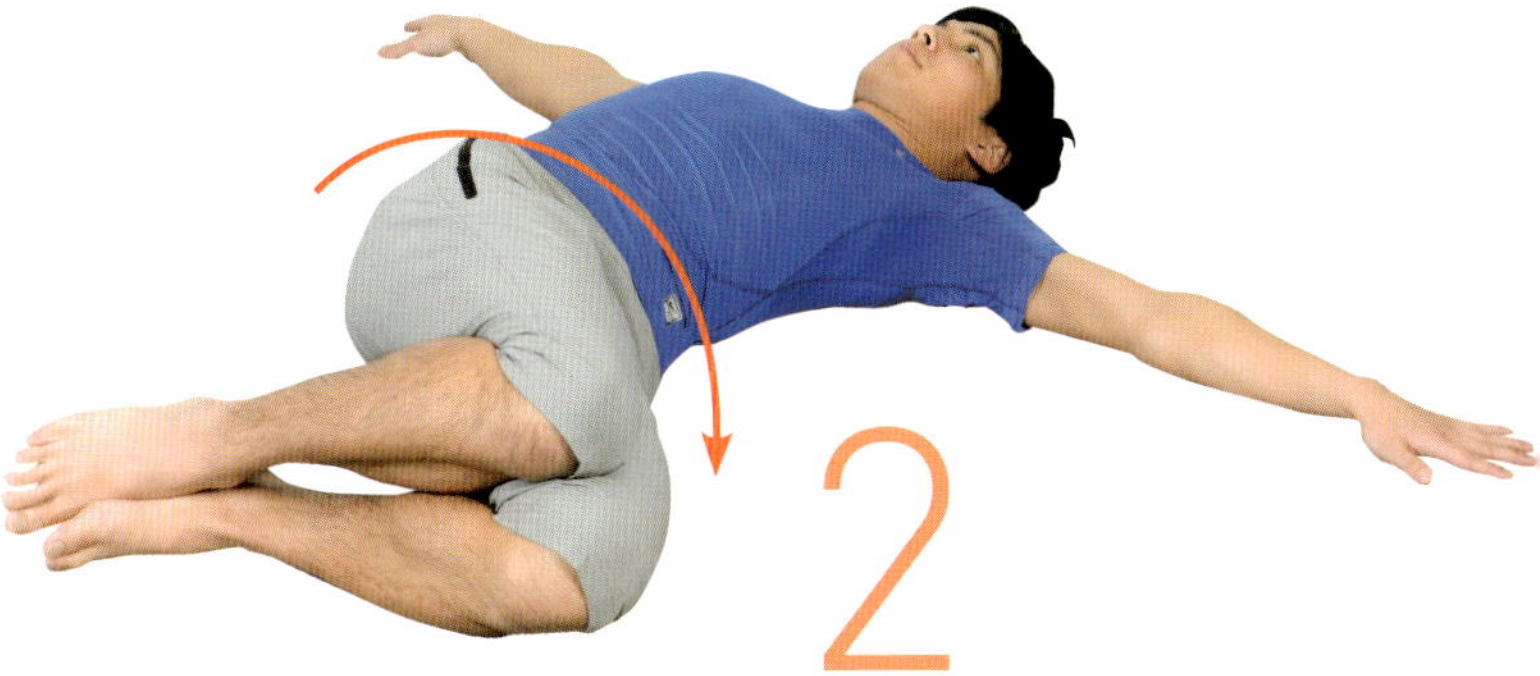

2

息を吐きながら、脚をゆっくり左側に倒す。このとき目線は真上を見る。

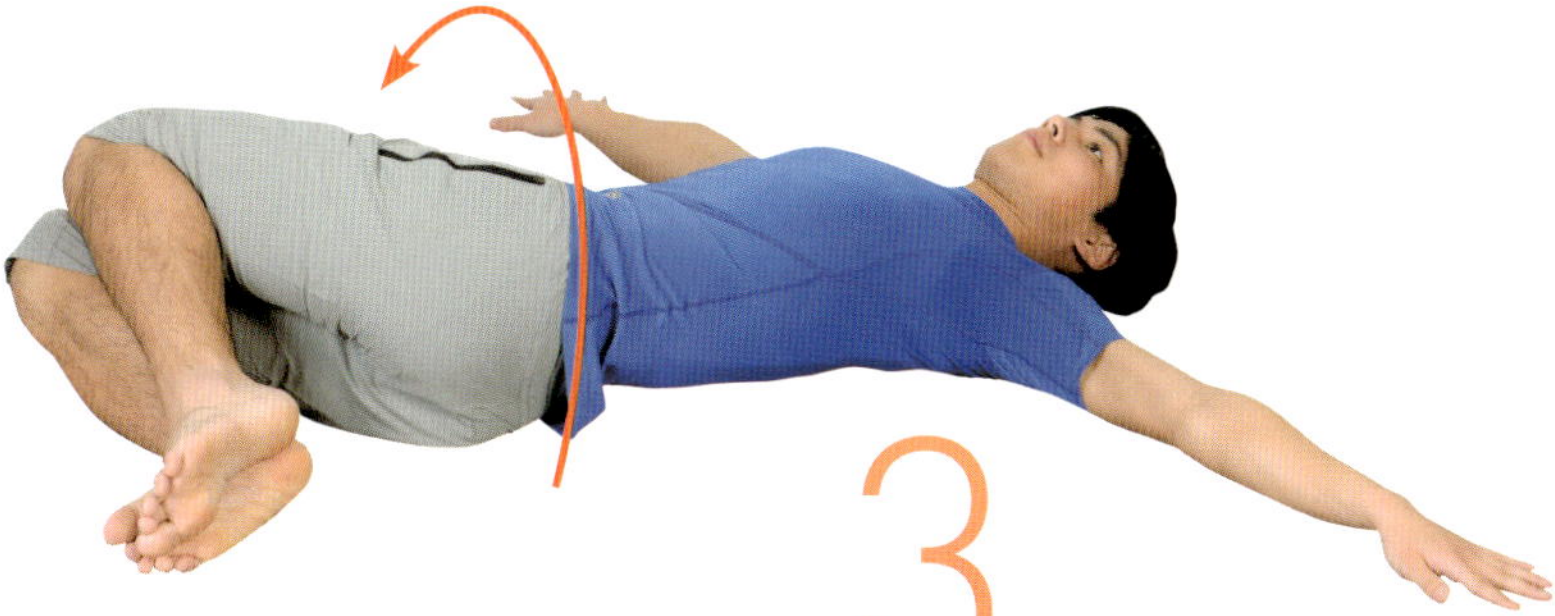

3

息を吸いながら、脚を元の位置に戻す。そのまま今度は息を吐きながら、脚をゆっくり右側に倒していく。

Point

ひざをそろえたまま行なう

倒すときも戻すときも、両脚をそろえたまま行なう。ひざが離れてしまうと、ストレッチ効果が小さくなる。

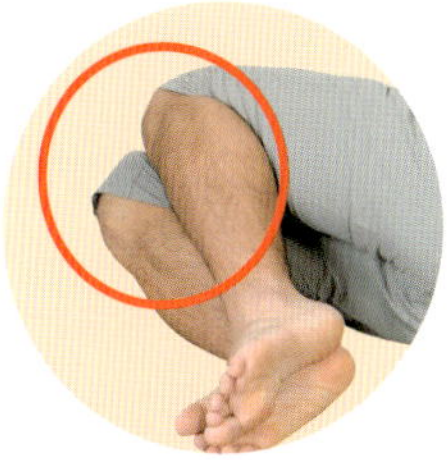

普通の人　硬い人

動

腰周りを安定させるストレッチ②

腰周りを安定させるストレッチをもう1つ。
あおむけの状態から
足をぶらぶらさせながら
体幹部分を刺激するストレッチ。

1

両手を真横に伸ばし、あおむけになる。目線は真上に。

2

ひざを伸ばしたまま、左脚を斜めに上げる。

3

左脚を上下に小きざみにぶらぶらさせながら、右側に倒していく。

4

床につくくらいまで右側に倒したら、脚を小きざみにぶらぶらさせながら、同じような軌道で左側に倒していく。

5

左側の床につくくらいまで脚を倒したら、また右側に倒していく。1分間継続したら、脚を替えて、同じ動作を行なう。

NG

ひざは伸ばしたまま ストレッチ

どちら側に倒すときも、脚は真っすぐに伸ばしたまま、小きざみにぶらぶらさせる。ひざを曲げると、ストレッチ効果がなくなる。

柔らかい人　普通の人　硬い人

動

お腹を凹《へこ》ませるストレッチ①

体幹の動的ストレッチの3つ目は、お腹を凹ませるストレッチ。腹筋運動に近い動作ですがきっちり**腹直筋**を刺激しましょう。

1

ひざを立ててあおむけになる。両腕はひじを曲げて体の横につける。

2

両脚を上げると同時に上体を起こし、元に戻す。この動作を、脚も頭も床につけずに30回連続で行なう。

Point

上体もしっかり起こす

脚を上げるだけでなく、上体もしっかり起こさないと腹筋への刺激が小さくなる。

柔らかい人　普通の人　硬い人

動

お腹を凹ませるストレッチ②

今度は**腹横筋**も刺激するお腹を凹ませるストレッチ。お腹の横側も刺激してしっかり凹ませましょう。

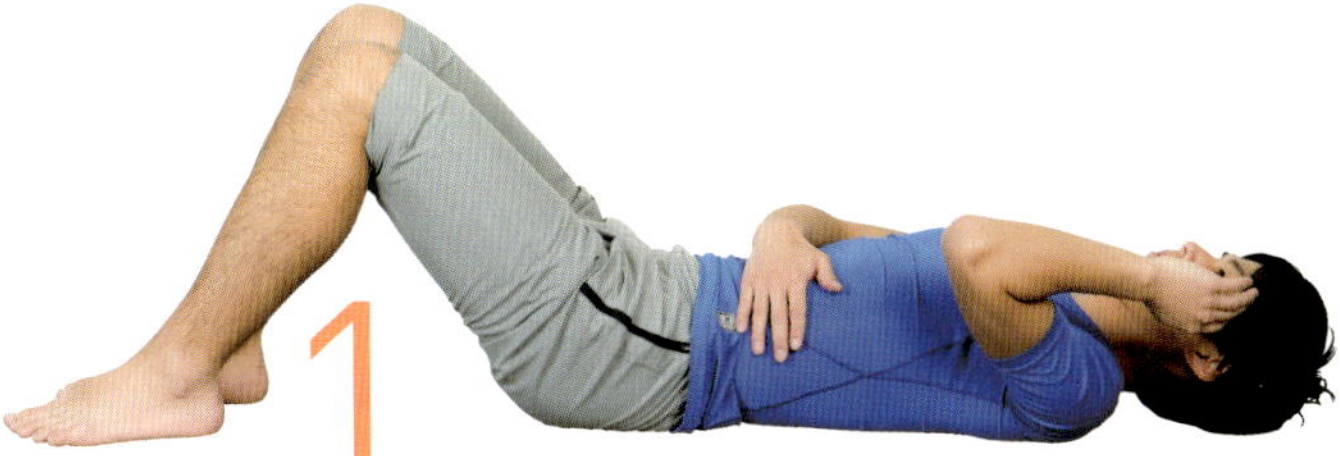

1

ひざを立ててあおむけになる。右手をお腹の横側に置き、左腕はひじを曲げて上げておく。

2

右脚を上げると同時に、上体を右側に軽くひねりながら起こし、元に戻す。目線は股間の辺りを見るようにする。右脚と頭を浮かせた状態で20回繰り返したら、上げる脚を替えて20回行なう。

Point

お腹の横に手を置いてストレッチする

腹横筋を意識して動作するために、必ず上げる脚と同じ側の手を、反対側のお腹の横に置いて行なう。意識が高まれば、ストレッチ効果も高まる。

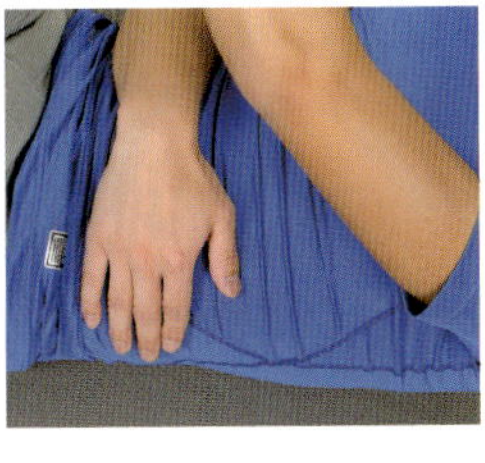

柔らかい人　普通の人　硬い人

動

お腹を凹ませるストレッチ③

腹横筋をさらに刺激するお腹を凹ませるストレッチ。ひねりを大きくしながらお腹をしっかり凹ませましょう。

1

ひざを立ててあおむけになる。右手をお腹の横側に置き、左腕はひじを曲げて上げておく。

2

右脚を上げると同時に、上体を右側に大きくひねりながら起こし、元に戻す。右脚と頭を浮かせた状態で20回繰り返したら、上げる脚を替えて20回行なう。

Point

できるだけ大きくひねる

腹横筋をさらに刺激するために、上体をひねって起こしたとき、上げたひざの外側を反対側の手で触るくらい大きくひねる。顔もできるだけひねった方に向けるようにする。

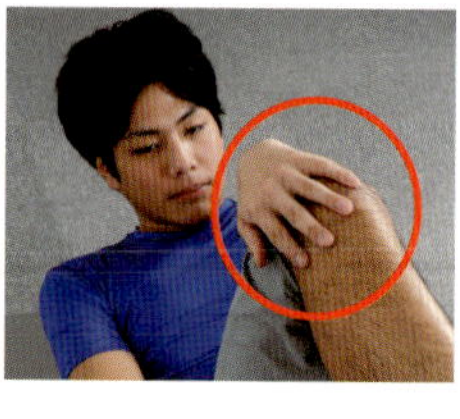

柔らかい人　普通の人　硬い人

動

背中をすっきりさせるストレッチ①

腹筋を鍛えたら、次は、背中をすっきりさせるストレッチ。**背筋を全体的**に刺激してバランスのいい体幹をつくりましょう。

1

両手、両脚を伸ばしてうつ伏せになる。頭はあごを引いて少し浮かせておく。

2

目線をのどの真下に向け、そのまま上体を床からこぶし１個半くらい起こし、元に戻す。この動作を30回繰り返す。

NG

首を反らさない

上体を起こすときに首を反らさないこと。のどの真下に向けている目線はそのままに上体を起こしていく。

柔らかい人　普通の人　硬い人

動

背中をすっきりさせるストレッチ②

背中の全体を刺激したら、次は**背中の上部**のストレッチ。動かすところを意識しながら、動作を繰り返しましょう。

1

両手を頭上に伸ばしてうつ伏せになる。頭はあごを引いて少し浮かせておく。

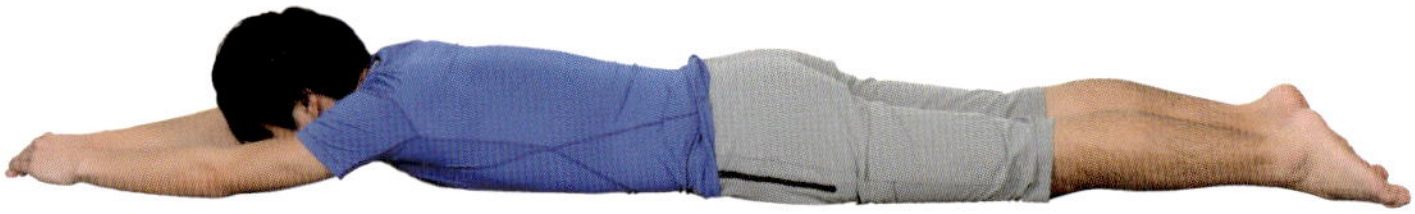

2

目線をのどの真下に向け、そのまま上体を床からこぶし1個半くらい起こし、元に戻す。このとき腕も同時に上げる。この動作を30回繰り返す。

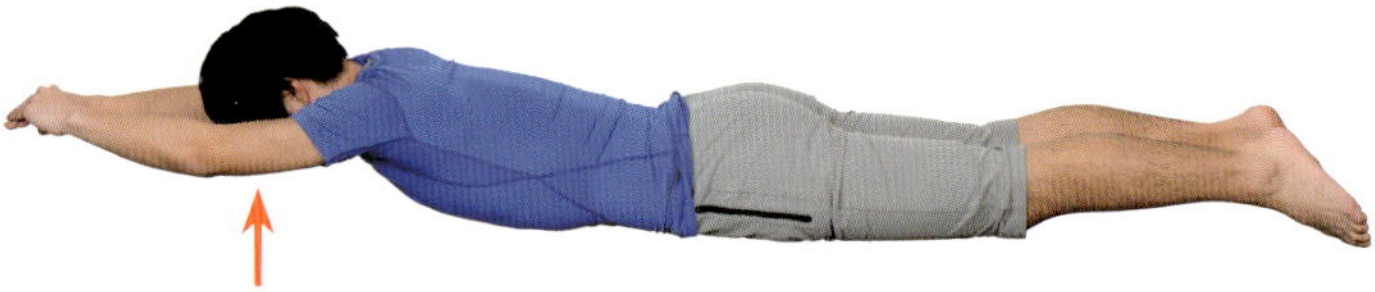

Point

足は浮かないようにする

上体を起こすときに反動で足が浮かないようにする。足が浮いてしまうと、背中への刺激が小さくなる。

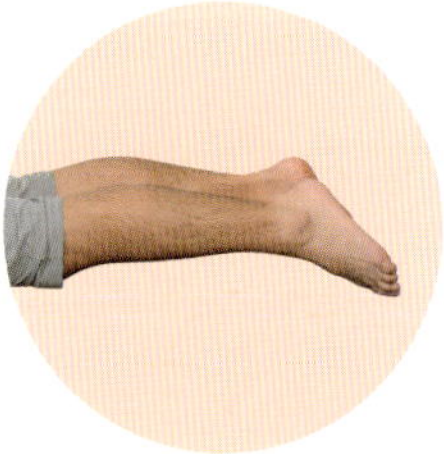

柔らかい人　普通の人　硬い人

動

背中をすっきりさせるストレッチ③

背中全体、上部を刺激したら、次は**背中の下部**のストレッチ。これまでと異なる目線に注意してストレッチを行ないましょう。

1

両手、両脚を伸ばしてうつ伏せになる。目線は少し前に向ける。

2

ひざを伸ばしたまま両脚を上げ、元に戻す。このとき頭はそのままの状態をキープする。この動作を30回繰り返す。

NG

ひざを曲げて上げると効果半減

ひざを曲げて上げたり、両足を開いた状態で上げると効果は小さくなる。上体をリラックスさせて脚を上げるようにしよう。

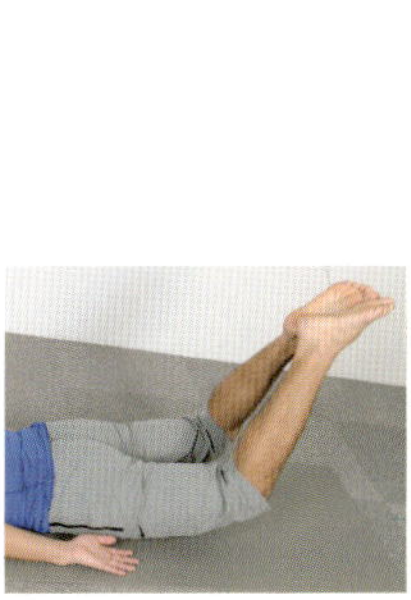

柔らかい人　普通の人　硬い人

動

骨盤を整えるストレッチ

体幹最後の動的ストレッチは、
骨盤を整えるストレッチ。
お尻歩きで
骨盤周りを柔らかくしましょう。

1

両脚を伸ばして座り、両手は股関節に置く。

2

右側のお尻を上げ、股関節から脚を突き出すように右脚を前に出して前進する。

3

左側のお尻を上げ、股関節から脚を突き出すように左脚を前に出して前進する。10歩前進したら、次は10歩後進。2セット行なう。

CHAPTER

6

ターゲット別強化プログラム

ダイエット目的なら、基本のストレッチだけでも十分に効果がありますが、CHAPTER6では気になるパーツをターゲットにしたい人のために、これまで紹介したメニューから組んだオリジナルプログラムを紹介します。

ストレッチメニューを組み合わせて部位別にしっかりやせる

大きな効果を約束するオリジナルプログラム

ここからは、これまでに紹介した基本のストレッチと各部位ごとのストレッチのメニューを組み合わせた、ターゲットを絞ってやせるためのオリジナルプログラムを紹介します。

ターゲットは、二の腕、背中、お腹、お尻、太もも、ふくらはぎの6つ。いずれも脂肪がつきやすく、見た目にも脂肪がつくと「太っている」と見られやすいパーツです。逆にうまく絞り込むことができると、締まった体に見られるようになります。

それではプログラムの取り組み方をご説明しましょう。プログラムは各パーツごとに、「Menu（メニュー）」を用意しています。数はパーツごとに異なりますが、この「Menu」を1週間に5日行なうだけで十分に効果が表れます。「Menu」はそれぞれにトレーニング量を明

Menu

プログラムの必須項目です。時間や回数に従って、１週間に５日を目標に取り組みましょう。

記しているので、それに従って行なってください。静的ストレッチは1分30秒停静止が基本、動的ストレッチは30〜40回が基本になります。反復スピードは1分間に30〜40回を目標にしてください。「Menu」や数が異なるため、正確に1日何分とは言えませんが、だいたい20〜30分で終了するプログラムです。

ターゲットによっては、「Menu」のほかに「Option（オプション）」も紹介しました。これは、「Menu」の代替ストレッチとして活用できるものです。やりづらいとか、慣れてきて気分転換がしたいときに、「Menu」と差し替えて行なっても同様の効果が期待できます。「Menu」として紹介したのは、あくまでも「おすすめ」なので、どれを選ぶかは自由です。物足りない人は、前述したほかのストレッチの種目を取り入れてもかまいません。

ただし、このプログラムに関しても継続することが第一。すべてのストレッチを行なって少しきつい場合は、時間や回数を少し短縮して行なってください。2週間も続けると、ここで書いている時間や回数はこなるせるようになるはずです。

Option

Menuの代替ストレッチです。Menuと入れ替えて取り組んでかまいません。自分が好きな種目を選んでください。

二の腕を細くするプログラム

二の腕を細くするプログラムは、動的ストレッチが3種目、静的ストレッチが3種目。約20～25分で終了します。

Menu 1

動

二の腕をほっそりさせるストレッチ ………… P.70

左右40回×2セット

前後に足を開いて立ち、片腕を内側にひねりながら後ろに振るストレッチ。

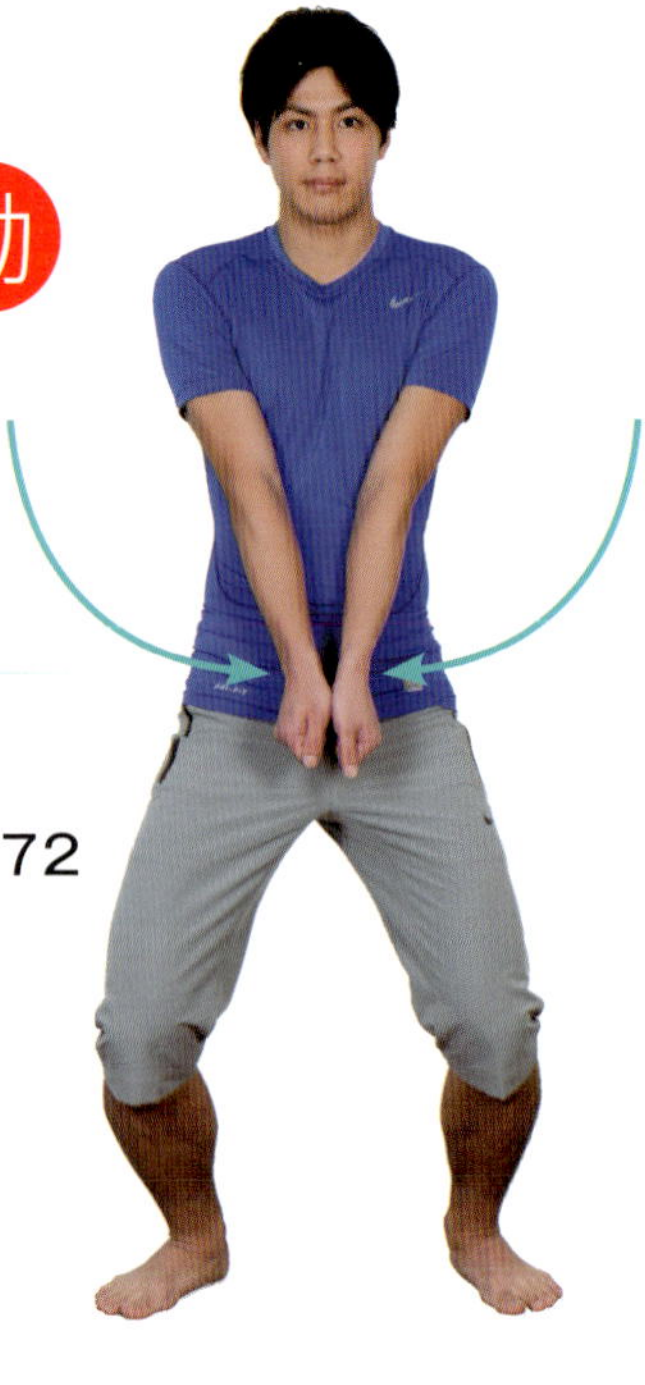

動

Menu 2

肩周りをほぐすストレッチ① ……… P.72

40回×2セット

左右に足を開いて立ち、両腕を真横に上げ下ろしするストレッチ。

動

肩周りをほぐすストレッチ③ ········P.74

30回×2セット

ひざから足先までを上げた状態で行なう腕立て伏せ。

静

Menu 4

肩周りをすっきりさせるストレッチ① ·········P.42

左右1分30秒

肩の高さに上げた腕を、反対側の腕で抱え込んで伸ばすストレッチ。

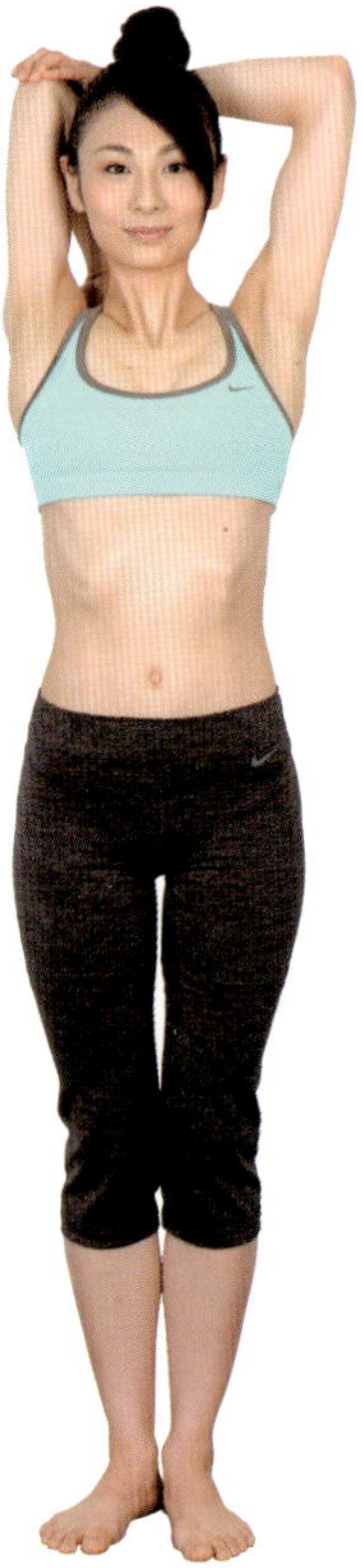

静

Menu 5

肩から二の腕をほっそりさせるストレッチ ……………… P.45

左右1分30秒

頭の高さまで上げたひじを、反対側の手で押し込むストレッチ。

静

Menu 6

前腕をゆるめるストレッチ② ………… P.64

左右1分30秒

前に伸ばした腕の拳を、反対側の手で手前に引き寄せるストレッチ。

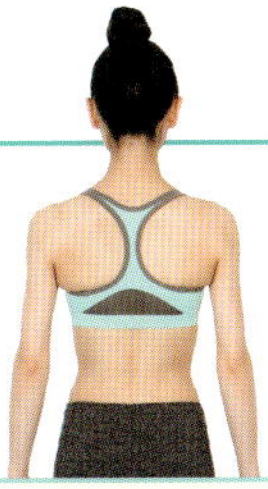

背中をすっきりさせるプログラム

背中をすっきりさせるプログラムは、動的ストレッチが5種目、静的ストレッチが5種目。約30～35分で終了します。

動

Menu 1

肩周りをほぐす
ストレッチ② ………… P.73

40回×2セット

肩幅に足を開いて立ち、ひじを曲げた両腕を脇に引きつけるストレッチ。

Menu 2

背中を引き締める
ストレッチ ………… P.117

2分×2セット

あおむけになり、腰を持ち上げて静止する動的ストレッチ。

動

Menu 3～5

背中をすっきりさせるストレッチ ····· P.125～127

あおむけになった状態から、背筋を全体、上部、下部に分割して刺激するストレッチ。

動

全 体　**1分30秒**

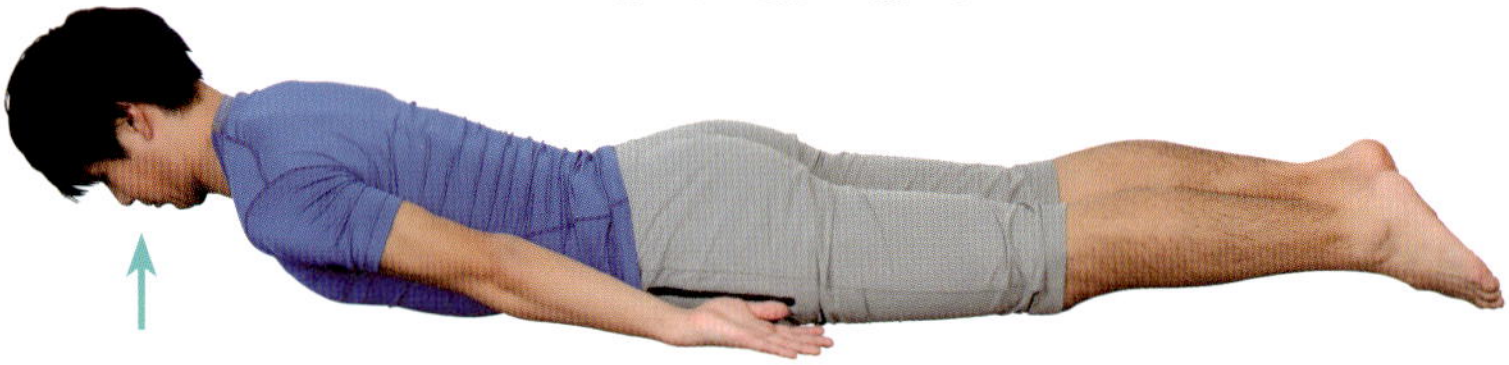

上 部　**1分30秒**

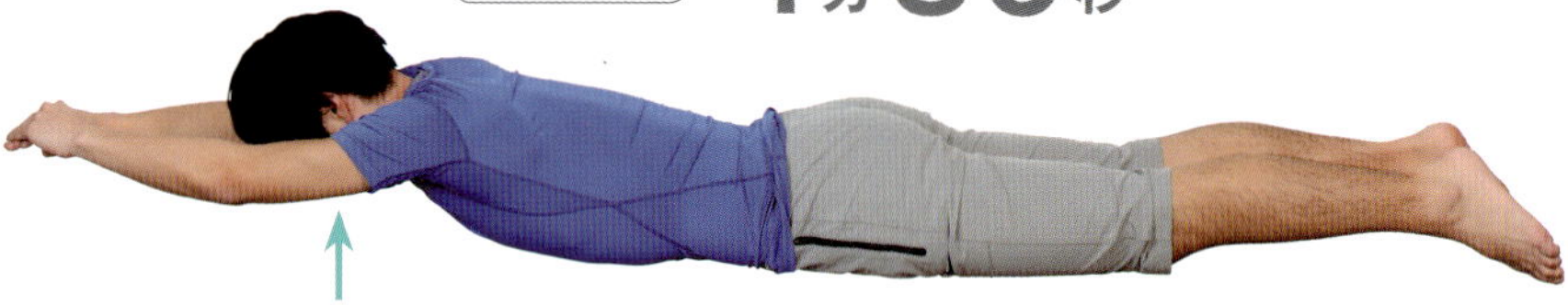

下 部　**30秒**

静

Menu 6

肩周りをすっきりさせるストレッチ …………… P.42

左右1分30秒

肩の高さに上げた腕を、反対側の腕で抱え込んで伸ばすストレッチ。

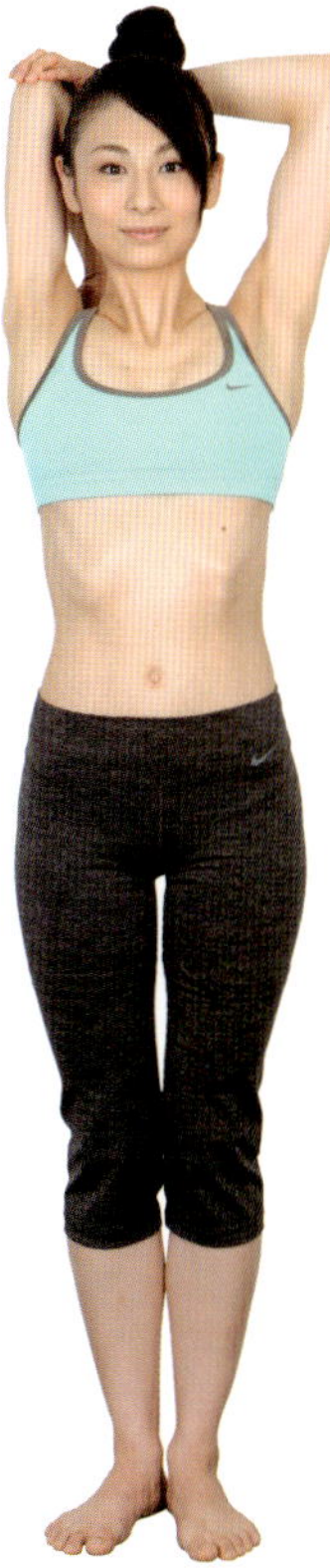

静

Menu 7

肩から二の腕をほっそりさせるストレッチ ………………… P.45

左右1分30秒

頭の高さまで上げたひじを、反対側の手で押し込むストレッチ。

Menu 8

胸の筋肉を柔らかくするストレッチ …………… P.59

左右1分30秒

ひじを曲げた腕を壁に添えて、胸の筋肉を伸ばすストレッチ。

Menu 9

胸の筋肉を柔らかくするストレッチ …………… P.61

左右1分30秒

伸ばした腕を壁に添えて、胸の筋肉を伸ばすストレッチ。

Menu 10

背中を引き締める
ストレッチ …………… P.39

左右1分30秒

椅子に座り、体をひねって背中を伸ばすストレッチ。

Option

背中を引き締める
ストレッチ
…………… P.117

肩甲骨を柔らかく
するストレッチ
…………… P.68

肩周りをほぐす
ストレッチ①
…………… P.72

お腹を凹ませるプログラム

お腹を凹ませるプログラムは、動的ストレッチが4種目、静的ストレッチが3種目。約25～30分で終了します。

Menu 1

動

股関節を柔らかくするストレッチ①····P.102

左右20回×2セット

四つんばいの状態から脚を横に上げるストレッチ。

Menu 2

動

股関節を柔らかくするストレッチ②····P.103

左右20回×2セット

四つんばいの状態から脚を後ろに上げるストレッチ。

Menu 3 動

①②③から１種目選んでストレッチを行なう

お腹を凹ませるストレッチ……P.122～124

あおむけになり、脚を引き付け
ながら上体を上げるストレッチ。

①

40回×2セット

②

左右30回×2セット

③

左右30回×2セット

Menu 4

動

腰周りを安定させる
ストレッチ① ……… P.118

40回×2セット

あおむけになり、立てたひざを左右に倒すストレッチ。

Menu 5

静

太ももを細くする
ストレッチ① …… P.48

左右1分30秒

片ひざ立ちの体勢で、後ろ足を両手で持ち上げるストレッチ。

静

Menu 6

太ももを細くするストレッチ② …… P.50

左右1分30秒

片ひざ立ちの体勢で、前に伸ばした脚のひざを押し込むストレッチ。

静

Menu 7

お尻のたるみをなくすストレッチ …… P.53

左右1分30秒

脚を組んで座り、立てたひざを両手で抱え込むストレッチ。

Option

静

背中を引き締める
ストレッチ
……………… P.39

静

お尻を引き締める
ストレッチ①
……………… P.77

静

太ももから下を
締めるストレッチ①
……………… P.92

動

腰周りを安定させる
ストレッチ②
…………… P.120

静

太ももの表側をシャープに
するストレッチ
……………………… P.98

静

太ももから下を
締めるストレッチ②
……………… P.94

お尻を引き締めるプログラム

お尻を引き締めるプログラムは、動的ストレッチが4種目、静的ストレッチが3種目。約25～30分で終了します。

Menu 1

動

股関節を柔らかくするストレッチ①…… P.102

左右20回×2セット

四つんばいの状態から脚を横に上げるストレッチ。

Menu 2

動

股関節を柔らかくするストレッチ②…… P.103

左右20回×2セット

四つんばいの状態から脚を後ろに上げるストレッチ。

Menu 3

背中を引き締めるストレッチ ……　P.117

2分×2セット

あおむけになり、腰を持ち上げて静止する動的ストレッチ。

Menu 4

脚全体をほっそりさせるストレッチ ………　P.106

左右20回×2セット

座った状態で胸に引き寄せた片脚を真上に伸ばすストレッチ。

静

Menu 5

お尻のたるみをなくすストレッチ ……… P.53

左右1分30秒

脚を組んで座り、立てたひざを両手で抱え込むストレッチ。

Menu 6

静

お尻を引き締めるストレッチ① … P.77

左右1分30秒

足を前後に開いて座り、上体を前に倒してお尻の筋肉を伸ばすストレッチ。

Menu 7

お尻を引き締める
ストレッチ② …… P.80

左右1分30秒

椅子に座り、体を左右に倒してお尻の筋肉を伸ばすストレッチ。

Option

太ももをほっそり
させるストレッチ②
……………… P.105

太ももをほっそり
させるストレッチ①
……………… P.104

太ももを細くするプログラム

太ももを細くするプログラムは、動的ストレッチが2種目、静的ストレッチが5種目。約25～30分で終了します。

Menu 1

動

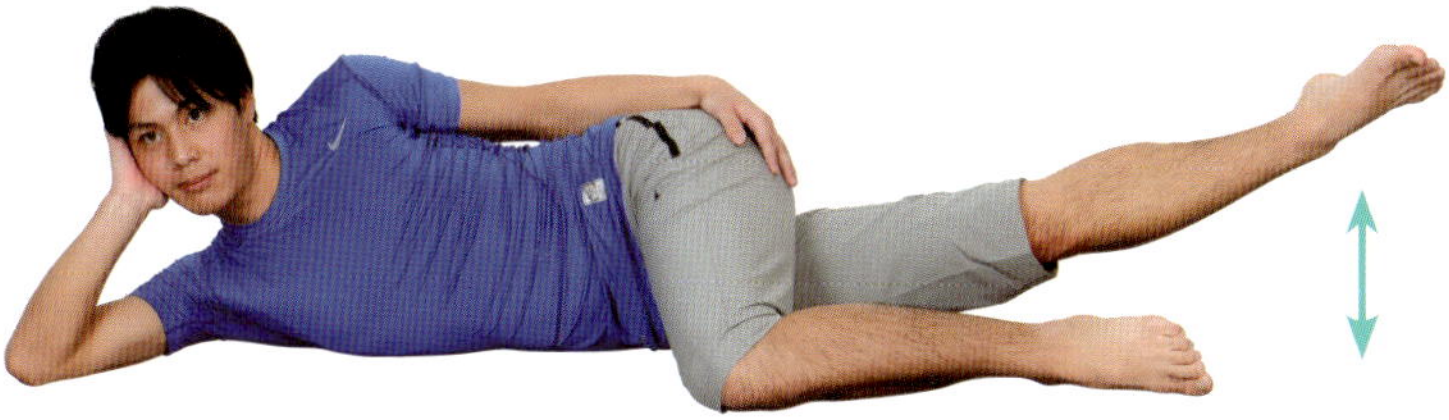

太ももをほっそりさせるストレッチ① …P.104

左右30回×2セット

片ひじを立てて横になり、下にある脚を上下させるストレッチ。

Menu 2

動

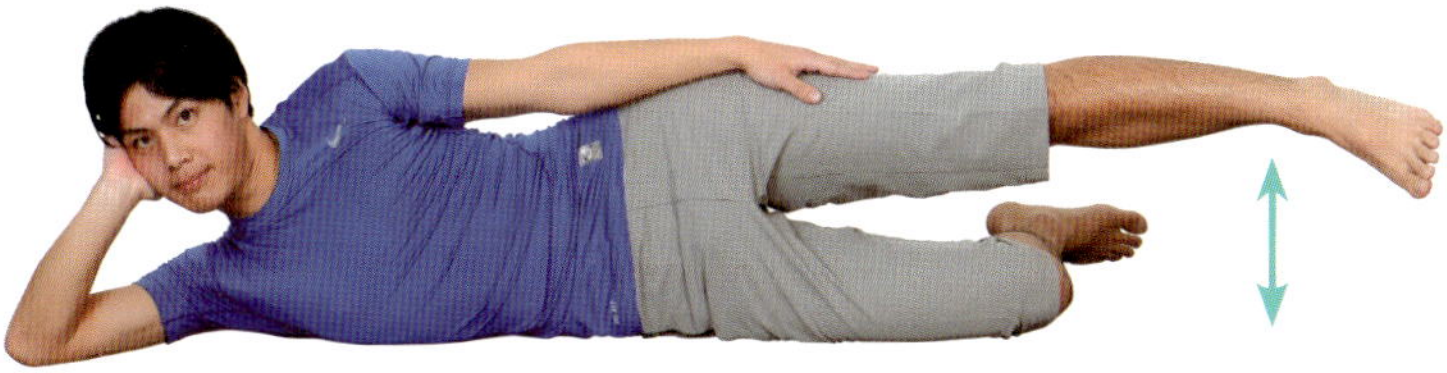

太ももをほっそりさせるストレッチ② …P.105

左右30回×2セット

片ひじを立てて横になり、上にある脚を上下させるストレッチ。

Menu 3

太ももを細くする
ストレッチ① ‥‥‥ P.48

左右1分30秒

片ひざ立ちの体勢で、後ろ足を両手で持ち上げるストレッチ。

Menu 4

太ももを細くする
ストレッチ② ‥‥‥ P.50

左右1分30秒

片ひざ立ちの体勢で、前に伸ばした脚のひざを押し込むストレッチ。

Menu 5

太ももから下を締めるストレッチ① …… P.92

左右1分30秒

静

足を前後に開き、両ひざを伸ばしたまま、体を前に倒していくストレッチ。

Menu 6

ひざ下をすっきりさせるストレッチ③ …… P.89

左右1分30秒

静

両脚を交差し、ひざを伸ばしたまま体を前に倒していくストレッチ。

Menu 7

太ももの内側をシャープにするストレッチ① … P.96

左右1分30秒

椅子に片足を乗せて、体を横に倒していくストレッチ。

静

Option

動

腰周りを安定させるストレッチ②
…………… P.120

動

肩周りをほぐすストレッチ②
……………… P.73

動

肩周りをほぐすストレッチ①
……………… P.72

Option

静

お尻を引き締める
ストレッチ②
……………… P.80

動

背中をすっきり
させるストレッチ③
…………… P.127

動

脚全体をほっそりさせる
ストレッチ
……………… P.106

静

ひざ下をすっきり
させるストレッチ①
……………… P.83

静

お尻を引き締める
ストレッチ①
……………… P.77

静

お尻のたるみを
なくすストレッチ
……………… P.53

ふくらはぎを締めるプログラム

ふくらはぎを締めるプログラムは、動的ストレッチが2種目、静的ストレッチが5種目。約25〜30分で終了します。

Menu 1

股関節を柔らかくするストレッチ① ····P.102

左右20回×2セット

四つんばいの状態から脚を横に上げるストレッチ。

Menu 2

股関節を柔らかくするストレッチ② ·····P.103

左右20回×2セット

四つんばいの状態から脚を後ろに上げるストレッチ。

Menu 3

太ももから下を締めるストレッチ④ ····· P.92

P.92

左右1分30秒

静

足を前後に開き、両ひざを伸ばしたまま、体を前に倒していくストレッチ。

Menu 4

ひざ下をすっきりさせるストレッチ③ ····· P.89

左右1分30秒

静

両脚を交差し、ひざを伸ばしたまま体を前に倒していくストレッチ。

Menu 5

太ももを細くする
ストレッチ② …… P.50

左右1分30秒

片ひざ立ちの体勢で、前に伸ばした脚のひざを押し込むストレッチ。

Menu 6

ひざ下をすっきりさせる
ストレッチ① …… P.83

左右1分30秒

正座した状態から片ひざを引き上げるストレッチ。

Menu 7

静

お尻を引き締めるストレッチ① … P.77

左右1分30秒

足を前後に開いて座り、上体を前に倒してお尻の筋肉を伸ばすストレッチ。

静

Menu 8

お尻を引き締めるストレッチ② …… P.80

左右1分30秒

椅子に座り、体を左右に倒してお尻の筋肉を伸ばすストレッチ。

おわりに

掲載したそれぞれのストレッチを実践していただけたでしょうか？ 本書の中でも述べましたが、体脂肪が落ちたり、血液の循環が良くなることを、柔軟性の向上に合わせて実感できるはずです。また、筋肉が伸びる感覚や体が軽くなる感覚は、本書のストレッチをしてみるとすぐに体感できるでしょう。

さまざまなストレッチの種目を硬い人、普通の人、柔らかい人という柔軟性別に３段階に分け、さらにポイントを加えて紹介してきました。みなさんのなかには、ある種目では柔らかい人用の姿勢は取れたけど、ほかの種目では硬い人用の姿勢しか取れなかったという人もいるでしょう。体の各部の柔軟性は人それぞれ異なるので、硬い人用の姿勢しか取れない種目があっても慌てることはありません。繰り返しゆっくりできる範囲で伸ばせば、筋肉の柔軟性は高まっていきます。

本書のストレッチに難しいことは一つもありません。ポイントは正しい姿勢で行なえるかどうかと、継続できるかどうかなのです。それらを達成すれば、体脂肪は必ず落ちます。

私は世界で活躍するアスリート、そしてモデルや女優、それから全国から小田原の整骨院に訪れる多くの患者さんに筋肉を柔らかくすることや血液循環を良くすることの大切さ、それが体にとってどのような効果をもたらすのかを伝えてきました。今回、本書の中で紹介したストレッチや筋肉の伸ばし方のポイントは、すべてそうした実践から学んできたことであり、取り組んだ人たちが効果を実感したものでもあります。本書を手に取ってくださったみなさんにも、きっとお役に立てると信じています。

メディカルトレーナー
岩井隆彰

硬い人は伸ばせる範囲からでいい！

硬い人

柔らかい人

◉ 著 者
岩井隆彰（いわい たかあき）
神奈川県出身。柔道整復師。株式会社ジール代表。城山整骨院院長。19歳で五輪選手のメディカルトレーナーとして従事。以来、多くのスポーツ現場でメディカルおよびフィジカルトレーナー活動を経験。2003年、神奈川県小田原市に城山整骨院を開院。日に200人を超える患者の治療を行なう一方、サッカー日本代表選手やプロ野球選手など、数多くのトップアスリートやモデル、タレントなど、著名人の治療を手がけ、国内だけでなく海外でも活動している。また、長野五輪、ソルトレーク五輪、トリノ五輪、北京五輪にはメディカルトレーナーとして帯同した。

体が硬い人ほどやせるストレッチ

2014年4月16日　初版第1刷発行
2014年6月12日　　　第4刷発行

著　者	岩井隆彰
編　集	合同会社 SEA（洗川俊一）
カバーデザイン	伊勢太郎（アイセックデザイン）
本文デザイン	柴田耕輔
写　真	森モーリー鷹博
モデル	鈴木菜月（グランディア）　赤澤廉（グランディア）
イラスト	貴木まいこ
発行者	中川信行
発行所	株式会社マイナビ 〒100-0003　東京都千代田区一ツ橋1-1-1 パレスサイドビル 電話　048-485-2383（注文専用ダイヤル） 03-6267-4477（販売） 03-6267-4403（編集） URL　http://book.mynavi.jp
印刷・製本	シナノ印刷株式会社

※定価はカバーに記載してあります。
※落丁本、乱丁本についてのお問い合わせは、TEL048-485-2383（注文専用ダイヤル）、
電子メール sas@mynavi.jp までお願いします。
※本書について質問等がございましたら、往復はがきまたは返信切手、返信用封筒を同封のうえ、
（株）マイナビ 出版事業本部編集第2部までお送りください。
お電話でのご質問は受け付けておりません。

ISBN978-4-8399-5086-6